Basics of text
communication
skills

誤解なくニュアンスまで伝わる *77* のルール

テキスト
コミュニケーション力りょく
の基本

小澤美佳

Mika Kozawa

日本実業出版社

はじめに

「テキストコミュニケーション力（テキコミュ力）」

この言葉にピンとこなくても、今やビジネスツールとして、メールに加えてチャットが欠かせない人は多いのではないでしょうか。

チャットなどを使って、テキストで気軽にやりとりをする場面は、働き方が多様に変化している現在、プライベートだけではなく、ビジネスの現場でも急速に広がっています。

そのような中、次のような経験をしたことはありませんか？

・テキストで指摘をしたら、険悪なムードになった
・議論が長々と続き、収拾がつかなくなった
・対面で話せば3分で済むのに、1回返信するのに30分もかかる
・言葉足らずで誤解を招き、いつも損をしてしまう
・ささいなことだからと、わざわざ聞くのをためらってしまう
・テキストだと相手の感情がいまいちわからない
・テキストだと相手がどこまで話を理解しているのかわからない
・話すといい人なのに、テキストではなぜか冷たく感じる
・すぐに返信しなきゃとストレスを感じる
・仕事と直接関係のない話を、どこまで聞いて対応すべきかわからない
・オフィスにいるときと違い、業務の話しかせず孤独を感じる

チャットは、「会話の延長」のようにとらえられることが多いコミュニケーションツールです。加えて、チャットはメールのように

書き方のルールは確立されていません。そのため、プライベートでは問題がなくても、ビジネスで使う場合には迷うことや悩むこともあるでしょう。

　オフィスでのコミュニケーションは、大きく「業務の話」「ちょっとした相談」「雑談」の３つで成り立っています。オンラインでも業務の話はするものの、ちょっとした相談や雑談までカバーできると、テキストコミュニケーションで悩むことはぐっと減るはずです。
　テキストコミュニケーションは、スキルを磨くほどに上手になります。ポイントは「相手への配慮」と「具体的」の２つ。「受け取る相手がどういう気持ちになるか考える」「想いまで含めて具体的に伝える」。これら２つを意識するだけで、見違えるほどテキストでのやりとりがスムーズになっていきます。

　私が所属する株式会社ニットという会社では、創業当初の2017年からフルリモートでの仕事が基本です。もう少し具体的に言うと、私が広報の仕事でふだん使うツールとしては、チャットやメールを使ったテキストコミュニケーションが90％、オンラインで顔を見て話すテレビ電話が９％、リアルで会う対面が１％で、電話はほぼ使いません。
　仕事の99％をオンラインツールでこなすことでノウハウがずいぶん溜まり、スキルもかなり身についてきました。テキストコミュニケーションのメリットやデメリットも、改めて身をもって実感しています。

　そこで本書では、テキストコミュニケーションで「気持ちよく働

くためのヒント」をまとめました。とくにビジネスチャットで必要なスキルやマインドセットについて、実践的なヒントを盛り込んでいます。

　これからは、「テキストコミュニケーション」のスキルやノウハウがあるかないかで、気持ちよく働けるかどうかも大きく変わり、仕事の成果にも影響してくる時代です。

　テキストを通して相手と気持ちよくやりとりできる、いわば「テキコミュ力」を磨いていくことで、テキストコミュニケーションにまつわる疑問や不安、悩み、困りごとを、どんどん吹き飛ばしていってください！

　読者のみなさまが「テキコミュ力」をアップデートすることで、たとえリアルで会う機会がなくても、言葉の温度まで相手に伝わり、気持ちよく働けることを願っております。

急　い　で　い　る　方　の　た　め　の

『テキストコミュニケーション力の基本』早引きガイド

テキスト上で声をかけやすい 雰囲気をつくりたい	➡	**rule 11へ**
「テキストコミュニケーション」で 「まず意識すること」を知りたい	➡	**rule 16へ**
うまくお願いして 相手に動いてもらいたい	➡	**rule 28へ**
指摘する側もされる側も 嫌な気持ちにならない 指摘の仕方を知りたい	➡	**rule 38・39へ**
一度伝えた内容が、 相手に伝わっていない……	➡	**rule 74へ**

CONTENTS

第1章 ［テキストコミュニケーションの メリットとデメリット］

第4章
「表現」によって
ニュアンスまで伝わる

第7章 [場面ごとのルール]

第8章 ［テキストコミュニケーションを円滑にする習慣］

カバーデザイン ◎井上新八
イラスト ◎蒼井すばる
本文デザイン・DTP ◎浅井寛子
構成 ◎黒川なお

第 **1** 章

テキストコミュニケーションの
メリットとデメリット

各コミュニケーション手段の メリットとデメリットを知る

　チャット・メール、電話、テレビ電話、対面 —— それぞれの状況で最適なコミュニケーション手段を選ぶことが、スムーズにやりとりをする最初の一歩です。

　チャットとメールでは、メリットもデメリットも基本的に同じですが、やはり若干の違いはあります。

　メールの場合は、チャットと比べてさらに緊急の連絡に向かず、絵文字やスタンプがないため感情やニュアンスがより伝わりにくいといった点があげられます。相手とある程度の関係性が築けているのなら、チャットでのやりとりのほうが、より早くてスムーズなケースは多いでしょう。

　また、メールは一度送ったものは削除できない一方で、チャットは一度送った内容の修正・削除ができます。チャットでのやりとりをエビデンスとして用いる可能性がある場合は、必要に応じてスクリーンショットなども活用しましょう。

□ チャット・メール

メリット

・時間を気にせず対応できる

・一度書き終えてから推敲できる

・一度に複数の人へ伝達できる

- 気軽に連絡がとれる
- 送付後に修正や削除ができる（チャット）
- 記録を残せて、エビデンスとして活用できる（メール）

デメリット
- 表情が見えず、不安や誤解を生みやすい
- 非リアルタイムで一方通行のコミュニケーションになる
- 緊急の連絡に不向き（メールはチャットよりさらに不向き）
- 表情や声色などから感情が読めない（メールはスタンプなどがなく、チャットよりも感情やニュアンスが伝わりにくい）

　各コミュニケーション手段の中で、いち早く相手と双方向のコミュニケーションがとれるのが電話です。緊急性が高い場合は、一番有効な手段といえます。

　ただし、突然アポイントなく電話をすると、そのようなつもりはなくても、相手の時間を奪うことにもなりかねません。緊急性が高くない場合は、事前に「明日の○時にお電話差し上げてもよろしいですか？　10分ほどお時間をいただけると幸いです」などとチャットでひと言伝えてからにするなど、相手への配慮は忘れないようにしたいものです。

□ **電話**

メリット
- 相手に早く連絡できる

・頭に浮かんだことをすぐに相手に伝えられる

・双方向のコミュニケーションが可能

デメリット

・表情が見えず不安や誤解を生みやすい

・複雑な内容を伝えるのに不向き

・記録性がない（言った言わない問題）

　雰囲気をはじめノンバーバル（非言語）な相手のリアクションが読みとりにくいなど、テレビ電話は情報収集という点で対面にはかないません。

　けれども、録画ができ、ネット環境があれば場所の制約を受けないなど、対面に勝る一面もあります。

　テキストでやりとりをしていて、話が噛み合わないときや、議論になりそうなときに、私は「テレビ電話で5分話せる？」と気軽に使っています。仕事の生産性が高まるのはもちろん、お互いの顔を見て話すことで、険悪になりそうなムードが一気に解消されることも多く、精神衛生を保つ意味でもテレビ電話は有用なツールです。

　相談や面談、クライアントとの商談まで、テレビ電話は、テキストコミュニケーションを補完する強力なツールと言えます。

□ テレビ電話（オンライン）

メリット

・場所の制約を受けない

- ・表情が見えて、不安や誤解を生みにくい
- ・双方向のコミュニケーションが可能
- ・クラウドツールの活用で記録を残せる

デメリット

- ・ネット環境に依存する
- ・雰囲気が読みとれない場合がある

　対面では、言語情報だけではなく、相手の表情や態度、目線やしぐさ、声のトーン、口調などの非言語（ノンバーバル）情報を拾うことができます。相手との意思疎通がしやすいので、オフィスなどで「ちょっといいですか？」と気兼ねなく相談や雑談をすることができ、相手へのフォローや提案もしやすくなります。

☐ **対面**

メリット

- ・視覚情報や聴覚情報も制約なく把握できる
- ・双方向のコミュニケーションが可能

デメリット

- ・場所の制約を受ける
- ・記録性がない（言った言わない問題）

○rule 1 : 「メリット・デメリット」表

メリット ＼ 手段	チャット	メール	電話	テレビ電話	対面
記録を残せる	△	○	△	○	×
送付後に修正や削除ができる	○	×	×	×	×
内容を推敲しながら伝えられる	○	○	×	×	×
時間を気にせず対応できる	○	○	×	×	×
双方向のコミュニケーション（リアルタイム性）	×	×	○	○	○
緊急時の手段になる	×	×	○	△	△
感情の伝えやすさ・伝わりやすさ	△（表情が見えないことによる）	△（工夫が必要）	△（表情が見えないため、声色から判断）	△（雰囲気などが読み取れない場合がある）	○（視覚・聴覚情報ともに制約なし）

rule 02 [業務や場面に応じて、適切な コミュニケーション手段をとる]

チャット・メール、電話、テレビ電話、対面のメリットとデメリットをそれぞれ踏まえたうえで、業務や場面、相手に応じて適切な手段を使い分けましょう。生産性や相手との関係性にも影響します。

突然ですが、次の問題に答えてみてください。

問題

あなたは、クライアントから重大なクレームを受けました。これから正式な謝罪をする予定です。このとき、どのような手段を使って謝罪をするのが望ましいでしょうか。望ましい順に並べ替えてみてください。

選択肢

A チャット・メール

B 電話

C テレビ電話

D 対面

たとえば謝罪の場合は、「速さ」とともに「謝罪の気持ちが正確に伝わる」手段が求められます。

　対面やテレビ電話で相手の顔を見ながら、いち早く謝罪できるの
なら、それがベストです。対面はテレビ電話での謝罪よりも、誠実
さやあたたかみがより伝わりやすいです。

　一方で、すぐに日程を調整できない場合や、急を要する場合は、
「いち早く謝罪できる手段」から順にしましょう。相手や状況に
よっては、「電話」でまず謝罪をしたうえで、「テレビ電話」や「対
面」への段取りをしたほうがいいケースもあるはずです。

　ふだんのやりとりがテキスト中心の相手なら、一次対応は
「チャット・メール」で謝罪するというケースもあるでしょう。

　いずれにしても、相手のスタイルにも沿いながら、場面や状況に
応じて柔軟に手段を使い分けましょう。

謝罪する際に望ましい方法

対面	テレビ電話	電話	チャット・メール

望ましい　◀━━━━━━━━━━━━━━━━━━━━▶　避けたい

rule 03 ［チャット・メール、電話、テレビ電話、対面で得られる情報］

　チャット・メール、電話、テレビ電話、対面……それぞれのコミュニケーション手段で得られる情報量は異なります。どのように情報を受け取っているのかを知り、適切な手段を使い分ける際の参考にしてください。

　たとえば、相手が「うれしい」と言ったにもかかわらず、怒ったような表情をしていたら、あなたは何から「真実の情報」を得ようとするでしょうか？　言葉でしょうか？　表情でしょうか？
　言語、聴覚、視覚において、それぞれ矛盾した情報を得たとき、私たちは「言語情報7％」「聴覚情報38％」「視覚情報55％」という割合で影響を受けていることが研究の結果からわかっています。
　これは有名な「メラビアンの法則」と言われる心理学の法則で、

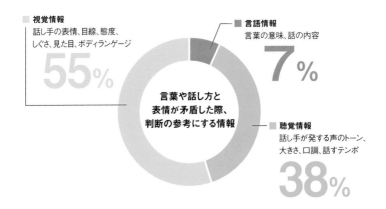

■ 視覚情報
話し手の表情、目線、態度、しぐさ、見た目、ボディランゲージ

55%

■ 言語情報
言葉の意味、話の内容

7%

言葉や話し方と
表情が矛盾した際、
判断の参考にする情報

■ 聴覚情報
話し手が発する声のトーン、大きさ、口調、話すテンポ

38%

19

言語、聴覚、視覚のうち、どの情報が優先されるかを調べ、導き出されたものです。この法則からも、ふだん私たちが、いかに相手の表情や態度などの視覚情報に頼っているかがわかります。

つまり、仕事で用いるコミュニケーション手段の特徴と、メラビアンの法則を踏まえて考えると、各手段から得られる情報量はだいたい対面100％、テレビ電話45～85％、電話45％、チャット・メール7％といったところです。このことからも、対面に勝るコミュニケーション手段はありません。

一方でチャットやメールという7％の情報量の中に、いかにして感情も織り込んでいくかを考えると、その難しさがよくわかります。

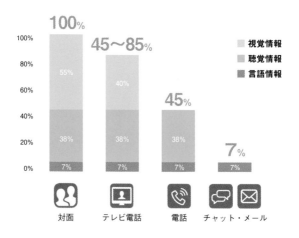

でも、安心してください。たとえば【チャット・メール×テレビ電話】のように、オンラインツールを駆使していけば、円滑なコミュニケーションをすることも可能です。

rule 04 ［マネジメントでも必須の テキコミュ力］

　仕事でもプライベートでも、テキストで伝えることが増え、「テキコミュ力」は現代人の必須スキルとなりつつあります。マネジメントにおいても、「テキコミュ力」が高いかどうかで、評価が大きく変わります。

　まず、テキストコミュニケーションにおいて、マネジメントをする立場にある人（上司）のマインドについて見てみましょう。

　上司との人間関係が原因で組織を辞めた方の転職理由で一番多いのは、「直属の上司を信頼できなかったから」だそうです。
　オフィスでリアルに顔を合わせられる環境ならば、「すみません、ちょっといいですか？」「どうしたの？」といったやりとりが気軽にできます。けれども、オンラインで仕事をすると、ちょっとした雑談や相談がなくなりがちです。仕事上の必要事項を端的に伝えることはもちろん大事ですが、これからの上司やリーダーは、オンライン上でも対面同様に、部下やメンバーとの信頼関係をいかにつくるかという部分に焦点を当てる必要があります。
　業務上の話以外に、ちょっとした相談や雑談ができない環境は、部下やメンバーを孤独に追いやりがちです。そういうとき、悩んだり落ち込んだりしてモヤモヤすることを、上司に直接伝えられる場がなければ、メンバーは「誰もわかってくれない」と自分を追い詰めることになりかねません。

ありがち

テキストでは、仕事上の必要事項を端的に伝えてほしい。生産性の観点から、仕事と関係のない話はできるだけしないでほしい。

↓

よい

仕事に直接関係なくても、気になることがあればいつでも、何でも言ってほしい。

そのような意味でも、「テキコミュ力」はマネジメント能力の1つとして必須のスキルです。

相手の話にじっくり耳を傾けたり、他愛のない雑談をしたりする場合は、チャットやメールではなく、リアルな場が最適です。

とは言え、テキストコミュニケーションでも最初にちょっとしたひと言を入れるなど、ささやかな雑談は可能です。お手軽かつ心地よいひと言で、風通しのいい空気感をつくりましょう。

☐ 風通しのいい空気感をつくるひと言

▶何か気になることがあったら、いつでも言ってください。

▶近いうちに、メンバーでオンラインランチでもしませんか？

▶○○さんは、あの件どう思いました？

▶明後日の15時から1時間、相談・雑談なんでも受け付けます！

rule 05 [メール≒お手紙。場面と関係性でチャットと使い分ける]

　チャットはメールに比べて、用件の本題や結論を単刀直入に伝えられるよさがあります。しかし、**場面や関係性によっては、あえてメールを使うこともあります。**

　季語を使った書き出し文や結び文など、メールは手紙のように丁寧に書く必要はありません。とは言え、チャットと比べると型のようなものがあり、文体が若干かしこまるため、どちらかというと手紙に近い感覚です。

□ メールでのやりとり

⊠　　　　　　　　　　　　　　　　　　　　　　　_ ⤢ ✕

❶ 自分

〇〇様 ●── **相手の名前と敬称**

いつもお世話になります。●── **定型の挨拶**

△△社の××です。●── **自分の名前**

来週の打ち合わせについて、

次の中で、ご都合のよい日時はございますか？ ●── **やっと本題**

・7月1日（月）10:00 〜

・7月3日（水）14:00 〜

・7月5日（金）15:00 〜

ご確認くださいませ。
引き続き、どうぞよろしくお願いいたします。●── 定型の結び文

×× ●── 自分の署名

❷ 相手
××様（相手の名前）…（以下略）

　一方で、チャットは会話の延長線上にある感覚が強いため、同じ
テキストコミュニケーションであっても、本題や結論から入ること
が多く、もう少し簡潔でライトな雰囲気のやりとりになります。

□ チャットでのやりとり

❶ 自分

来週の打ち合わせについて、
次の中で、ご都合のよい日時はございますか？
・7月1日（月）10:00〜
・7月3日（水）14:00〜
・7月5日（金）15:00〜

❷ 相手

> では、次の日程でお願いいたします。
> ・7月5日（金）15:00〜

❸ 自分

かしこまりました！
引き続き、どうぞよろしくお願いいたします。

あるいはOKを意味するスタンプ画像（もしくは絵文字）

❸自分の返信について、相手との関係性によっては、絵文字やスタンプを返して終わり、ということもあるでしょう。さらに簡潔でライトな雰囲気になります。

同じテキストコミュニケーションでも、次のようなケースでは、あえてメールを使うことも有効です。

☐ ケース1　距離感が近くない相手とやりとりをする

名刺に記載する住所・電話番号以外の連絡先は、ほとんどの場合がメールアドレスです。そのため、名刺の情報しか知らない人との最初のやりとりは、メールが多いのではないでしょうか。

その後、仕事などで関係性が続く相手や、関係性を続けていきたい相手とは、さらにチャットでつながることもあるはずです。

その一方で、次につながる可能性のない相手や、ある程度の距離感をとっておきたい相手とは、メールでのやりとりを続けることを選択することもあります。

☐ ケース２　メール文化のクライアントとやりとりをする

　相手がメール文化の場合は、無理にチャットを使う必要はありません。

　最初の段階で、「今後は、Messenger や Chatwork などメール以外のツールでやりとりしますか？」と聞いてみて、もし相手が「メールで」と言うなら、無理強いはしないようにしましょう。「郷に入っては郷に従え」の精神で、円滑なやりとりのために、相手の文化に合わせることも大切です。

☐ ケース３　契約などの重要な内容のやりとりをする

　チャットは、一度送った内容を修正・削除することができます。証拠的な意味合いとして文章を残したい場合は、チャットならスクリーンショットを撮っておきましょう。大事なやりとりをする際はメールに切り替えることも１つの手です。

rule 06 [主なビジネスチャットツールの特徴]

ビジネスチャットとは、文字通りビジネスシーンで利用するチャットのこと。プライベートで、LINE や Facebook Messenger など、個人向けのチャットツールを使っている人も多いと思いますが、ビジネスチャットは、こうした個人向けのチャットに、ビジネスで求められる機能を加えて強化したものです。

国内外を問わずさまざまなサービスがありますが、多くのビジネスチャットには、次のように共通した基本的な機能があります。

☐ ビジネスチャットの基本的な機能

- ▶相手と1対1のテキストチャット
- ▶複数の人たちとのグループチャット
- ▶メッセージ内容の検索やタグ付け
- ▶ファイルの送付、共有、ダウンロード
- ▶音声通話やビデオ通話
- ▶PCやスマホ、タブレットでの利用

次は、国内で現在使われている主なビジネスチャットです。

☐ Chatwork

国産のビジネスチャット。IDを知っている人なら、社内だけで

27

はなく、社外の人ともすぐにやりとりができるのが魅力。タスク管理機能では「勤怠連絡」や「経費精算」といったタスクをチャットごとに管理できる。

☐ LINE WORKS

「既読」の表示機能があるなど、個人向けの「LINE」と同じような操作で使える。社外のLINE WORKSアカウントや、個人のLINEアカウントともやりとりができる。

☐ Slack

世界的なシェアが高いビジネスチャット。個人や組織、プロジェクト、顧客ごとに「チャンネル」を設定できるため、やりとりの検索や管理がスムーズ。外部のSNSとの連携もできる。

☐ Microsoft Teams

Microsoftのソフトウェア「Office365」に組み込まれているサービス。多言語に対応し、WordやExcelなどMicrosoft製のソフトをTeams上でメンバーと共同編集できる。

☐ Facebook Messenger ※個人向けチャット

多彩なスタンプ機能による表現の豊かさや、操作性のよさから、プライベートとビジネスシーンの両方で使っている人も多い。ただし、スマートフォンでの操作が主体であり、長文のやりとりには不向き。

rule 07 ［テキストメッセージ 3つの厳禁 ①緊急の依頼］

　相手に急な依頼をするときには、コミュニケーション手段として テキストは向きません。手段を選ぶ際には、「スピード感」と「双 方向性」を重視しましょう。

　緊急の依頼では、とにかく「速さ」が求められます。かと言って、 一方的に依頼しただけでは、相手が依頼に気づかない、内容を正確 に理解できないといった可能性があります。ここで問題です。

問題

現在あなたは自宅でリモートワークをしていますが、トラブル が発生したため、上司に判断を仰ぐ必要があります。緊急性も ある状況で、できるだけ速やかな対応が必要です。このとき、 どのような手段で上司にアプローチするのがよいでしょうか？

選択肢

A　チャット・メール

B　電話

C　テレビ電話

D　対面

　緊急時に連絡をとりたい相手がそばにいない場合、電話が最善の連絡手段となります。

　とくに、仕事をオンラインでこなす人の場合、仕事相手から電話がかかってきたら、「何か緊急事態では？」と考えるはず。「何か緊急の用件かもしれない」という緊迫感が、相手にも伝わります。

　チャットの場合、すぐに用件を発信することができる点で「速さ」は優れているかもしれませんが、メッセージを相手が即座に見てくれるとは限りません。チャット上で「在席」を示すランプが点灯していても、相手は打ち合わせ中など、すぐに確認や対応ができないケースも十分に考えられます。仮に相手がすぐメッセージを確認したとしても、その場で即座に質問をして正確な状況を把握できたり、疑問を解消できたりするかはわかりません。

「在席」時はランプが点灯するチャットもある（Slack より）

　ただし、電話をかけても相手につながらない場合は、取り急ぎチャットで用件を伝えておくのも1つの方法です。

テキストメッセージ 3つの厳禁 ②議論

　議論は相手の顔を見て、雰囲気やニュアンスをくみとりながら行なうのが基本です。テキストコミュニケーションで議論がはじまりそうなときは、「テレビ電話で少し話しませんか？」とひと言切り出し、ツールを切り替えましょう。

　次のようなケースでは、あなたならどのようにしますか？

問題

あなたの組織では、リモートワークを運用するにあたり、データの管理方法や勤怠、評価制度など、社内ルールを見直すことになりました。見直し案はまだ定まっておらず、意見が多数割れている状況です。このディスカッションは、どのツールで行なうのが適していますか？

選択肢

A　チャット・メール

B　電話

C　テレビ電話

正解「C　テレビ電話」

　テキストコミュニケーションで、とくに対立的な議論がはじまりそうな場合、やりとり自体がどんどんとげとげしくなる傾向があります。言い争いになり、収拾がつかなくなることも。

　そうなる前に、テキストでのやりとりからテレビ電話に切り替えて、お互いに顔を見ながら会話をしましょう。

　そのほうが話は早くまとまりますし、無用な言い合いを防ぐことができます。お互いに気持ちよく働くことにもつながります。

　電話でも声色や声のトーンから相手の雰囲気は伝わってきますが、やはり表情がわかるほうがより理解しやすいでしょう。

　テレビ電話を使う場合は、カメラ機能をオフにしていたら電話と変わりません。相手が顔出ししておらず、かわりに画面に映し出された相手のアイコン画像を見て話すのは味気なく、話しにくいものです。できればカメラ機能をオンにして、顔を出して出席しましょう。

　たとえば、「わかった」というひと言の真意を、テキストや声のトーンだけで判断するのは、なかなか難しいものです。相手がしきりにうなずきながら「わかった」と言っているなら、「じゃあ、今日のディスカッションは大丈夫ですね」と言って問題ないかもしれません。

　けれども、相手が眉間にしわを寄せながら「わかった」と言っている場合はどうでしょうか。言葉とは裏腹に、納得のいかない表情をしているのであれば、「もう少し話しましょうか」と会話を続け

ることも検討しましょう。

　議論をするときは、相手の顔を見て会話をする。これが基本です。

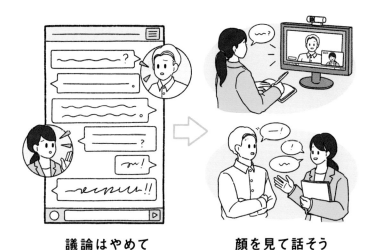

議論はやめて　　　　**顔を見て話そう**

テキストメッセージ3つの厳禁 ③ ネガティブな情報

ネガティブな内容をテキストで伝える際は、リアルのときと同じように個別で相手に伝えるのがよいです。また、できればテキストのみではなく、相手の顔を見ながら具体的に伝えましょう。

テキストでネガティブな情報を伝えるときは、「伝える場所や言い方を考える」といった、相手に対する配慮が必要です。

悪い

複数の人たちが自由に閲覧できるグループのチャット内で、相手が委縮するような発言をする。

例　　〇〇さん、こんなミスをされると困るんですよ。

よい

どうしても改善してほしいことなら、個別チャットで具体的な改善案を伝える。

例　　〇〇さん、このミスはトラブルにつながる可能性があるため、今のチェック体制の見直しをお願いします。

✕ 悪い

複数の人たちが自由に閲覧できるグループのチャット内で、相手の人格を否定するような発言をする。

例　「担当者は〇〇さんで本当に大丈夫ですか?」といった批判的なご意見を、クライアントから多数いただきました。

よい

伝えたほうが本人のためになる内容ならば、できる限り相手の顔を見て伝える。

例　クライアントからいただいたフィードバックを共有したいのですが、明日か明後日、15分ほどテレビ電話ができるタイミングはありますか?

　実際に会って話すと優しいのに、チャットでとげとげしい発言をする人はいます。これは発信者の人格の問題というよりも、ただ「相手の顔が見えないから言えてしまう」ケースが多いように思います。

　また、テキストでネガティブな情報を伝える際に、複数の人が閲覧できる場だと見せしめのようになります。「個別に伝える」ことに加えて、テレビ電話などで、できるだけ「相手の顔を見ながら伝える」ようにしましょう。

rule 10 「テキストは緊急性に弱い。「即座にラリー」の概念は捨てる」

　急ぐ場合は、電話が基本です。テキストは緊急性に弱いことを理解して、相手に即時性を求めることはやめましょう。また、相手に即時性を求めてしまった場合には、フォローする姿勢も大切です。

　テキストコミュニケーションのメリットの1つは、時間を気にすることなくメッセージを送れることです。
　ところが、プライベートでリアルタイムでのチャットに慣れている人の中には、ビジネスチャットでも即時性を求める人がいます。

☐ チャットでやりとりをするときに前提となる心構え

✕ 悪い

・今は在席しているから、すぐに確認・対応してもらえるはず
・早く返信してもらわないと困る

よい

・打ち合わせや商談の最中かもしれない
・相手にも都合がある

　「rule 7（P29）」でもお伝えしたように、「急ぐときは電話」が基本です。テキストは緊急性に弱いからです。

36

それなのに、チャットでも即時性を求めてしまうと、時間を気にせず対応できるチャットのメリットが活かされません。

　とくに組織におけるチャットでは、リアルタイムで即座にラリーをする概念は捨てましょう。

　もし、うっかり相手に「即座にラリー」を求めてしまった場合には、次のようなひと言で、追ってフォローする姿勢も大切です。

□ 相手に「即座にラリー」を求めてしまったときのひと言

　▶お手すきのときにお願いします。

　▶そう言えば今、〇〇さんは会議中でしたね。

　▶もし可能なら、〇日△時までにご回答いただけますと大変助かります。

　▶急ぎの案件のため、〇時ごろに改めてお電話いたします。

「即座にラリー」の
概念は捨てて

［テキストで井戸端会議は難しいので意図的に場をつくる］

　チャットやテレビ電話などのオンラインコミュニケーションで、みんながオフィスでの井戸端会議のように自由に発言し、組織を活性化していくには、「ちょっとした話」が気軽にできるルールづくりが欠かせません。また、意識して「ちょっとした話」に相手を誘うことも大切です。

　オフィスなら、「ちょっとお茶でも飲みませんか？」や「ランチに行きませんか？」といったひと言から、気軽にコミュニケーションがはじまります。一方、オンラインでのコミュニケーションで、井戸端会議のように自由に発言するためには少し工夫が必要です。

　キーワードは「心理的安全性」。「ここでは話していいよね」という空気感をつくるためには、「ちょっといいですか？」の気軽な声かけなど、まずはルールを設けるくらいがいいでしょう。

☐ 話しやすい場ができるルールづくり

> **例1　専用の部屋で、時間とテーマを決めて定期的に雑談する**
>
> ・チャット上に、チーム専用の「井戸端会議のための部屋」を作成
>
>
>
> ・1日1人、持ち回りで「最近の気になるテーマ」について発言

・ほかのメンバーは、何か１回はコメントするようにする

例２　メンバーを指名して話を振る

・テレビ電話の社内ミーティングの最初にアイスブレイクで10分間の「雑談タイム」を設ける

・ファシリテーターが、「○○さん、△△ってどう思います？」と名指しで話を振っていく

例３　雑談のための１on１ミーティングを定期的に設ける

・１日１回10分の雑談タイムを設定

次のように、チャットでシンプルに誘ってみるのも１つの手です。

☐ **ちょっとした話に相手を誘うひと言**

▶打ち合わせのあと、テレビ電話で話しながらランチしませんか？

▶このあと10分くらい、お茶でも飲みながら少し話しませんか？

▶○○について意見をお聞きしたいです。今週のどこかで15分、ご都合のよいタイミングはありますか？

5分話せば
解決できることも多い

　ちょっと話せば解決できることは意外と多いものです。「5分話せば解決する」を意識して、積極的にテキストコミュニケーションの弱点をカバーしましょう。

　テキストコミュニケーションは、意見を表明するにはよいツールです。しかし、さまざまな意見を受けとめ、まとめることには、あまり向きません。

　次のようなケースでは、実際に話したほうが話は早いです。

▶トラブルが発生したとき
▶テキストでラリーが続くとき
▶理解にズレを感じるとき
▶意見が対立したとき
▶相手とブレストや議論をしたいとき

　また、5分程度でも「話す」ことが効果的なフォローになるケースはしばしばあります。

▶相手に指摘をしたあと
▶相手にお詫びをしたあと
▶辞退や不承諾など、相手を断ったあと
▶新人に業務を依頼したあと

もちろん、相手と良好な関係性がきちんとできていれば、テキストだけでやりとりが完結しても問題ありません。

ただし、相手との関係性がまだ築けていない場合や、関係性を悪化させたくない場合は、できるだけ「話す」ことでフォローをしていきましょう。

たとえば新人教育の場合、良好な関係性が築けていても、遠慮をして、新人から気軽に「ちょっといいですか？」と聞きにくいことは多いものです。

できれば、新人が気軽に安心して質問できるようにルールをつくってあげてください。

例　新人の悩み解決のために「モヤモヤ解消コーナー」を設ける

・毎日10分、新人がテレビ電話で「今日感じたモヤモヤ（課題や疑問、悩みなど）」を発表する

・それを受けて、上司や先輩がアドバイスをする

・新人はモヤモヤを解消。「今日のモヤモヤ」は明日に引きずらない

- チャット・メール、電話、テレビ電話、対面──それぞれのコミュニケーション手段のメリットとデメリットを認識し、状況によって使い分ける

- ちょっとしたひと言で、風通しのいい空気感をつくる

- 相手がメールを主として使っている場合や、やりとりの重要性が高い場合は、積極的にメールを使う

- テキストで緊急のやりとりは NG。「即座にラリー」したいときは電話が最適

- テキストでの議論は避ける。顔を見て会話（テレビ電話・対面）が基本

- ネガティブな情報は「個別に」「相手の顔を見ながら」伝える

- テキストでもオフィスのように「ちょっとした話」が気軽にできるルールづくりを

- テキストだけでなく、必要に応じて「話す」コミュニケーションを組み合わせる

言葉で体温まで伝わるか
～書く前の大事な心構え～

［テキストコミュニケーションには世代間ギャップがある］

テキストコミュニケーションには世代間ギャップがあります。「世代間ギャップはあって当然」という認識で相手に歩み寄りましょう。

あなたが年下のメンバーに、何らかの依頼をしたとします。次のような返信が来たら、どのような印象を受けるでしょうか？

例1　上司 (非デジタルネイティブ)への部下 (デジタルネイティブ)の返信

　例1のようなリアクションに「失礼だ」「ラフすぎる」などと不快に感じるのは、社会人になってからメールやチャットを使いはじめた、年配の世代に多い傾向があります。

　一方、とくに違和感なく「いたって普通の返信だ」と感じるのは、会社に入る前からメールやチャットを日常的に使い、絵文字やスタンプを使うことにまったく抵抗がない若い世代に多い傾向があります。

　それでは、あなたが年上のメンバーに依頼したことに対して、次のような返信が来たらどのような印象を受けるでしょうか？

例2　部下（デジタルネイティブ）への上司（非デジタルネイティブ）の返信

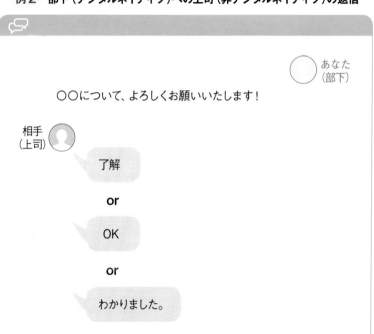

この場合、とくに違和感なく「いたって普通の返信だ」と感じる
のは年配の男性に多い傾向があります。

　反対に、「冷たい」「素っ気ない」「何か怒っているのかな？」な
どと居心地の悪さを感じるのは、とくに若い世代に多く見られる傾
向です。

　これは、どちらがよい悪いという話ではありません。すごしてき
た時代の違いです。時代の変化から生じるギャップは仕方がありま
せん。ですから、世代の異なる相手とやりとりをする場合は、「世
代間ギャップがあって当然だよね」と、世代間で認識が異なること
を前提として、それぞれに歩み寄る姿勢が大切です。

　若い世代は、気づけば日常的に個人向けチャットのLINEを使っ
ていたような世代です。電話よりも、テキストでのコミュニケー
ションのほうが一般的という、いわゆる「デジタルネイティブ」で
す。そうした環境で育ってきているので、テキストコミュニケー
ションでのやりとりは素早く、感情を表現していくのも上手です。

　デジタルネイティブの人とやりとりをする場合、非デジタルネイ
ティブの人は、次のような心構えを持っておくとよいでしょう。

☐ **非デジタルネイティブが意識したい心構え**
　▶「最近の若い人は」と批判しない
　▶恥ずかしがらずに絵文字やスタンプを使ってみる

例　使いやすい絵文字やスタンプから挑戦してみる

- わかりました 😊
- 了解 👍
- OK‼

例　サムズアップマーク 👍 の解釈を広げる

ありがち

- 年上に向かって「いいね！」とは失礼だ。

よい

- 「それはいいですね！」という気持ちで使うこともあるらしい。

　一方で、社会人になってからメールやチャットを使いはじめた非デジタルネイティブの世代は、対面や電話がコミュニケーションの主流でした。そのため、テキストツールはあくまでも「コミュニケーションの補助的な位置づけ」という意識が強い傾向にあります。そのためテキストツールに感情を盛り込む必要性をあまり感じず、「素っ気ない」返信となりがちです。

　デジタルネイティブの人たちは次のような心構えがあると、非デジタルネイティブの人たちとも、よりスムーズなやりとりができるはずです。

☐ デジタルネイティブが意識したい心構え

- ▶テキストに感情をうまく乗せられない人もいる
- ▶相手への敬意は忘れず、ライトになりすぎない

例 非デジタルネイティブの習慣も大事にする

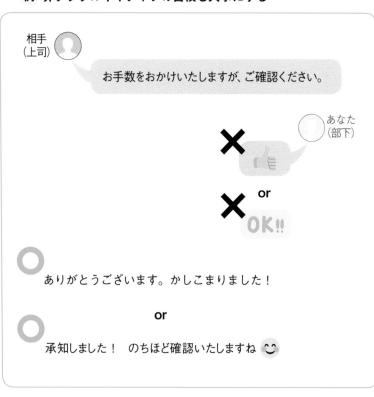

rule 14 「察してほしい」という考えは捨てる

　テキストコミュニケーションでは、言葉にしなければ何も伝わりません。「あえて言葉にする」を意識しましょう。

　顔を合わせて話をすると、相手がニコニコしているのか、ムスッとしているのか、はたまた落ち込んでいるのか、相手の表情や目線などから真意を推し量ることができます。

　一方で、テキストコミュニケーションから得られる文字以外の視覚情報や聴覚情報は0％。テキストコミュニケーションでは、相手に対して次のような期待は捨てましょう。

▶察してほしい

▶きっとわかってくれている

▶言わなくてもわかるよね

▶それぐらい気づくでしょ

　こうした期待に対しては、「そんなの、わかりませんよ！」というのが正直なところかと思います。お互いに誤解を生まないためにも、テキストコミュニケーションでは「あえて言葉にする」をいつも意識してみてください。

　「言葉にしなければ何も伝わらない」のです。

例　仲間から指摘を受けた場合

相手
期日は昨日の午前中でしたよね。
期日をすぎてひと言もないのは、どうかと思います。

悪い ✕
申し訳ございません。
でも、こちらもA案件の業務で
手一杯だったんです。
 自分

　一応謝ってはいますが、その理由には相手に「察してよ」という期待が込められていて、単なる言い訳に見えます。まずは誠意を尽くして謝り、事情や経緯について言葉を尽くして伝えましょう。

よい
申し訳ありませんでした。
A案件の業務に手一杯で、連
絡をすっかり失念していました。
今後は、このようなことがない
よう気をつけますね！
自分

　謝る、原因を伝える、間違いを繰り返さない意思をきちんと言葉にすることで、相手の納得感も高まるはずです。
　相手の立場に立って「伝えようとする」ことで「伝わる」のです。

rule 15 ［言葉は「冷たい刃」にも「あたたかい衣」にもなる］

　テキストでのやりとりで傷つくこともあれば、そのひと言に救われることもあります。**言葉の持つ「鋭く冷たい刃（やいば）」と「包み込むあたたかい衣（ころも）」の両面性を理解して、意識して言葉を選びましょう。**

　言葉には次のような性質があります。テキストコミュニケーションの前提として、改めて意識しておきたいものです。

☐ 発言する前に意識したい言葉の性質

▶言葉には、「鋭く冷たい刃」と「包み込むあたたかい衣」の両方の面がある

▶自分の想いと相手の受け取り方は、違うことがある

▶一度発したら「なかったこと」にはできない

　たとえば次のように、テキストで相手を評価したり、反対意見や批判的な見解を伝えたりするケースでは、発言者の表情や声色などがわからない分、悪気はなくても気づかないうちに言葉が「刃」になっていることもあります。

例　企画会議で相手の企画を評価する場合

✕ 悪い

> いまいちですね。

or

> あまりピンときません。

〇 よい

ひと言で言うと、どんなテーマですか？

or

お客様のターゲットは今のままで合っています
か？　年齢がもう少し上の層ではないですか？

　リアルでのコミュニケーションなら、「どの部分がピンときてい
ないか」は声のトーンでニュアンスが伝わることもありますが、テ
キストでは難しいです。1回の発信で、「何がピンときていないの
か」相手に配慮した言葉で伝えましょう。また、「どうすればもっ
とよくなるのか」といった提案ができると建設的なやりとりになり、
いたずらに相手を傷つけることがありません。

　ただし、言うべきことをビシッと言うタイミングもあるでしょう。
言葉をあえて「刃」として使う場合は、そのあとのフォローも忘れ
ずに。言葉のあたたかい「衣」の面も意識してください。

例　お客様に失礼な態度をとったメンバーを注意する場合

自分

あの配慮のない行動は、お客様に対して失礼です。今後は二度とないように気をつけてください！←刃

相手

> 申し訳ございません。反省しています。

自分

同じチームの味方ですから、わからないときや迷ったときは、すかさず聞いてくださいね 😊
一緒に考えますから！←衣

言葉は「刃」にも「衣」にもなる

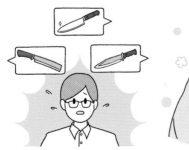

rule 16 　超基本「伝わるか・わかりやすいか・気持ちよく動けるか」

　リアルの場では、話の流れや状況に不明な点があっても、その場で確認できます。一方チャットは、「部屋」ごとに参加する人や前提とする状況なども異なります。ひとりよがりで一方通行にならないように、相手の理解を主軸に円滑なやりとりを心がけましょう。

　次のやりとりでは、CさんがAさんとBさん両方の発言に対して承知しているのか、Bさんの発言に対してのみ承知しているのかわかりません。

A

　〇〇の企画書を加筆修正しました。
　お手すきの際にご確認いただけると助かります。

B

承知しました。ところで、△△の案件の
打ち合わせ日時はもう決まりましたか？
明後日までにご確認いただけますでしょうか。

悪い

承知しました。

C

チャットでは、こうしたケースがしばしば見られます。相手の立場になって、次の3つを意識しながら発言しましょう。

☐ チャットで発言するときの超基本

▶その内容は、相手に伝わるか？

▶その内容は、わかりやすいか？

▶その内容を受けて、相手は気持ちよく動けるか？

次のやりとりでは、Cさんが誰に何を伝えているのかが明確なので、相手はこのあとの流れが読めて動きやすいはずです。

A

〇〇の企画書を加筆修正しました。
お手すきの際にご確認いただけると助かります。

B

承知しました。ところで、△△の案件の
打ち合わせ日時はもう決まりましたか？
明後日までにご確認いただけますでしょうか。

よい

C

Aさん、承知しました。←誰に（名前）
明日の午前中に確認いたします！

>
> B　承知しました。ところで、△△の案件の
> 打ち合わせ日時はもう決まりましたか？
> 明後日までにご確認いただけますでしょうか。

承知しました。↑誰に（引用）
たしか昨日、Dさんがクライアントとそのやり
とりをしていたので、このあとすぐに確認して
共有します！

rule 17 ［内容＋気持ちを「きちんと伝える」⇒「正しく伝わる」］

　内容と気持ちの両方をきちんと伝えることができれば、おのずと相手には「正しく伝わる」ものです。

　うまくいくテキストコミュニケーションは、次の２つが必ずセットになっています。

 テキストコミュニケーションの正解

　▶発信者：「内容＋気持ち」をきちんと伝える

　▶受け手：「内容＋気持ち」が正しく伝わる

例　内容も気持ちも伝わらない

悪い

✕

A ◯

先日ご案内した企画資料について、その後ご確認いただけましたか？
A案、B案のどちらにするか迷っており、アドバイスいただけると助かります。

B

え、そんな資料いただいていましたっけ？
すみません、ちょっと確認します…。

A

一昨日、たしかに送っていますよ。

この場合、Bさんは次のような疑問が浮かぶのではないでしょうか。また、おそらく読後感もよくないはずです。

▶「そんな資料もらったかな？」
　➡言った言わない問題
▶「A案、B案って何のこと？」
　➡相手の言っていることがよくわからない問題
▶「Aさんはいらだっている？」
　➡気持ちが伝わらない問題

例　内容も気持ちも伝わる

よい

A

（以前にチャットで共有した資料や発言）

先日ご案内した企画資料について、
その後ご確認いただけましたか？
A案、B案のどちらにするか迷っています。お忙しいところ恐縮ですが、アドバイスいただけると助かります🙇

B

申し訳ありません。
まだ確認できていませんでした！
打ち合わせ後に確認して、改めて連絡いたしますね！

引用や絵文字なども駆使しながら、内容と気持ちの両方をきちんと言葉を尽くして伝えることが大切です。それができれば、たとえBさんに多少の手抜かりがあったとしても、お互いに読後感もよく、気持ちよく次のアクションに移ることができます。

rule 18 「「正解」は自分ではなく、相手にある」

　テキストコミュニケーションでは、リアル以上に「相手の受け取り方がすべて」です。誰に対して発信するのか、相手は理解できるのか、相手はどう感じるのかを考えながらコミュニケーションしましょう。

　テキストコミュニケーションは、主に次の4つから構成されます。

▶発信者：①発言内容、②言い方
▶受け手：③理解度、④受け取り方

　とは言え、現実としては「受け手の受け取り方」の比重が大きく、「相手の受け取り方がすべて」とも言えます。
　とくに対面のように視覚情報や聴覚情報がないテキストコミュニケーションでは、発言はリアル以上に相手の受け取り方に左右されます。
　自分の基準を相手に押しつけず、相手の受け取り方を想像し、伝え方をさぐる意識をつねに持ちましょう。

例　冗談が相手に伝わらない

上司〇

こんなミスばっかりしているようでは、夏の
ボーナスはおあずけですね。

部下

それってパワハラじゃないですか？

上司〇

いやいや、冗談のつもりで言ったのだけれど……。

　ハラスメントの問題と同じで、発言した人にその認識がなかった
としても、「受け取った人がどう感じたか」に重きが置かれます。
次のようなことを想像しながら発言することが大切です。

▢ 発言する際のポイント

- ▶誰に対して発信するか？（相手との関係性）
- ▶相手は理解できるか？（相手の理解度）
- ▶相手はどう感じるか？（相手のメンタリティ）

例　同じ内容でも、相手によって伝え方を変える

・相手が、中途入社したばかりの若手の場合

　　　○

　　　　　資料を作成してくれてありがとう！

　　　　　お客様とは10年以上のやりとりをしてきているの
　　　　　で、資料もすべては必要ないですよ。
　　　　　きちんと伝わるように伝えられていなくてごめん
　　　　　なさい。

　　　　　明後日のアポイントなので、明日の正午までに
　　　　　修正できますか？
　　　　　もし難しいようだったら遠慮なく言ってね。

・相手が、長く一緒に仕事をしているベテランの場合

　　　○

　　　　　資料作成ありがとう！
　　　　　このお客様とはお付き合いが長いから資料は３
　　　　　ページのみでOK！　明後日のアポなので、明
　　　　　日の正午までに修正お願いします！

rule 19 「敬語」「相手が好むスタイル」「相手の理解」を意識する

　クライアントなど社外の人とのコミュニケーションでは、「**相手が好むスタイル**」を**とくに意識しましょう**。

　社内でのコミュニケーションで、敬語や丁寧語はもちろん使いますが、関係性によっては、よりラフな言葉づかいをすることも。

　一方で、クライアントなど社外の人とのコミュニケーションでは、そうはいきません。これはリアルもチャット上も同じです。

☐ 社外の人とのテキストコミュニケーションにおけるポイント

- ▶相手が好むスタイル
- ▶相手が理解できるか
- ▶敬語

　まず、「相手が好むスタイル」が基本です。相手がメールでのやりとりを望むならば、それに合わせます。「相手が理解できるか」の意識（rule16 〜 18）に加えて、失礼がないように「敬語」をきちんと使えれば、社外の人とのテキストコミュニケーションもスムーズにいきます。

　もちろん、相手が「堅苦しいやりとりはなしにしましょう」ということであれば、無理に敬語を使う必要はありません。

　ただし敬語を使うなら、正しく使わなければ失礼になります。間違えやすい敬語には気をつけましょう。

日程について、
了解しました。

日程について、
承知しました
（かしこまりました）。

目上の人への「了解」は、尊敬の意味が含まれず不適切です。

セミナーに
出られますか？

セミナーに
出席なさいますか？

「れる・られる」は尊敬語として使いますが、「受け身」や
「可能」の意味にも取れます。誤解されやすい表現は避けましょう。

ご理解いただきますよう
お願い申し上げます。

ご理解くださいますよう
お願い申し上げます。

目上の相手に求める行動に、謙譲語「いただく」は不適切です。
尊敬語「くださる」に直しましょう。

別の担当者を紹介させて
いただきます。

別の担当者を
紹介いたします。

相手にへりくだる「させていただきます」は、一見丁寧に感じますが、
相手から「許可」や「恩恵」を受けるときに使う表現です。そうでは
ないのなら、「いたします」を使いましょう。

今お時間
よろしかったでしょうか。

今お時間いただいても
よろしいですか。

「よろしかったでしょうか」という言い方は、過去のことを触れる場合
は誤りとは言えませんが、現在の確認として用いる場合は不適切です。

おわかりいただけた
でしょうか。

ご理解いただけたで
しょうか。

「いただく」＋「でしょう」で二重敬語であることに加え、
上から目線と見られるかもしれない表現です。

相手にも都合がある。
伝えるタイミングを考える

　相手の都合を踏まえ、伝える言葉やタイミングを選びましょう。

　自分の都合を優先し、相手の都合を考えないで連絡すると、相手が冷静に判断できなかったり、送り手（自分）への心証が悪くなったり、今後の仕事のしやすさにも影響することがあります。

例　相手に確認をお願いするとき

✕ 悪い	企画書をお送りします。ご確認ください。
よい	企画書をお送りします。お手すきのときにご確認いただけると幸いです。←配慮のあるひと言

　自分の都合を一方的に伝えるだけではなく、相手の状況も想像しながら、配慮のあるひと言を添えて伝えましょう。

例　相手から確認をお願いされたとき

悪い　わかりました。確認します。

よい　わかりました。今日は朝から打ち合わせが詰まっ
ているため、明日の10時までに確認しますね。
↑行動できるタイミング

相手の要求に、すぐに応えられる状況ばかりではありません。

その際は、「メッセージは見ました」という合図はなるべく早く
しておいて、行動できるタイミングを具体的に伝えておくと、相手
も安心です。

そのうえで、状況に応じて、相手に伝えるタイミングが適切かど
うかを考えましょう。

例　出張中で忙しい部下に、別の業務の指示をするとき

悪い　明らかに商談中・会議中と思われる時間帯に送る

よい　移動中の時間帯（帰宅中など）を見計らって送る

例　失敗をして落ち込んでいるチームメンバーに報告をするとき

✕ **悪い**	落ち込んで間もないタイミングで報告する
よい	時間を置いてひと言かける

▶「少し落ち着きましたか？」などと声をかけ、相手が問題な
　いようなら報告をする。

▶「○○さん、大変でしたね。落ち着いてからでかまわないの
　で、またどこかのタイミングで△△案件の進捗報告をさせ
　てください」などと、相手に報告のタイミングを託す。

相手の状況を想像する

rule 21 ［リアクションは少しオーバー
くらいがちょうどいい］

　相手にもよりますが、テキストコミュニケーションでのやりとりでは、リアクションは「ちょっとオーバー」くらいのほうが伝わることも少なくありません。絵文字やスタンプなども駆使しながら、気持ちまでしっかり表現しましょう。

　たとえば「OK」だけでは、相手は深く賛同して「いいね！ OK！」なのか、「納得できないけど OK」なのかわかりません。

悪い	OK

よい	OK！　ありがとう♪
	or
	OK (^^)　〇〇さんに頼んでよかった！
	or
	OKだよ！　素晴らしいね！

　同じ「OK」でも、気持ちが伝わる「＋ａのひと言」があるかどうかで、相手の印象はまるで違います。

□ ポジティブな状況でのリアクション
例　チームのメンバーが商談を成立させたとき

ふつう

それはよかったね。おめでとう。

よい

それはよかったね！　私も嬉しい 😊

or

おめでとう！！　頑張った結果だね 👍

or

すごい！　私も自分のことのように嬉しいよ！

　相手との関係性をしっかり築けていれば、シンプルに「。」でメッセージを終わらせても問題ありません。ただし、そこまでの関係性が築けていない場合は、悪気はなくても冷たく伝わることもあります。

　とくに年配の人の中には、絵文字やスタンプを使うことに抵抗感がある人もいるかもしれませんが、ちょっとした装飾だけでもあたたかさは伝わるもの。勇気を持って、気持ちを積極的に表現していきましょう。

□ ネガティブな状況でのリアクション

例　ミスを指摘されて謝るとき

ふつう
> 申し訳ありませんでした。

よい
> 申し訳ありませんでした。ご指摘いただきありがとうございます。今後このようなことがないよう、気をつけます

　ネガティブな状況でも同じです。語尾が「。」だけだと、関係性によっては相手に必要以上に冷たく伝わったり、「ふてくされているのかな？」などとあらぬ誤解を招いたりしかねません。

　絵文字などを使っても許されるような関係や状況の場合、語尾や言い回しを少し工夫するだけで、謝罪の意思や誠実さまで伝わるものです。

第2章のまとめ

- テキストコミュニケーションに「世代間ギャップはあって当然」の意識を持つ

- 「察してほしい」という考えは捨てて、「あえて言葉にする」

- 言葉は同じでも、伝え方によって相手にどう「伝わる」かが変わる

- テキストコミュニケーションの超基本は「相手に伝わるか」「わかりやすいか」「気持ちよく仕事ができるか」

- 「内容」と「気持ち」をセットで伝えれば、誤解なく伝わる。気持ちよく次のアクションを起こしてもらう工夫を

- テキストはリアル以上に「相手の受け取り方がすべて」

- 社外の人とのやりとりは、「敬語」「相手の好むスタイル」「相手が理解できるか」をより意識する

- 自分の都合だけでなく、相手の都合を考えて伝える

- テキストではリアクションは少しオーバーなくらいがいい

第 **3** 章

書くときの基本ルール

rule 22 ［シンプルに、わかりやすく 用件を伝える］

　相手に負担なく正しく内容が伝わるためには、だらだらと書き連ねないようにしましょう。改行したり、一文を端的にしたりするだけでも、伝わり方は大きく変わります。

　チャットで次のように報告が送られてきたら、どのような印象を受けるでしょうか？

例　企画書の修正について報告するとき①

悪い

> 企画書の修正を行ないました。3ページ目は前回の資料のレイアウトをふまえてキャッチコピーと概要、目的を記載しました。5ページ目は、一文の文字数が多いので、箇条書きにしようと思いました。ただ、箇条書きだと伝わりづらいかと悩んでおります。どのような形がよろしいでしょうか？　7ページ目は、グラフの数値を正しく変更しました。8ページ目は、誤字を修正しました。

用件や要点がわからないまま、だらだらと書き連ねられています。

読む前から、読む気がなくなった方も多いのではないでしょうか。

　書いてある内容は同じですが、箇条書きにしたり、改行したり、一文を少し短くしたりすることで、簡潔で見やすくなります。

例　企画書の修正について報告するとき②

よい

企画書の修正を行ないました。
・3ページ目は、キャッチコピーと概要、目的を追加しました。
・5ページ目は、見やすいよう箇条書きにします。
　ただ、箇条書きだと伝わりづらいかと悩んでおります。
　どのような形がよろしいでしょうか？
　↑一文を短縮
・7ページ目は、グラフの数値を正しく変更しました。
・8ページ目は、誤字を修正しました。←改行

　さらに、メールタイトルのように、チャットの文頭にも【相談】、【依頼：○○の件】などの見出しを入れ、内容に番号を振るなどの視覚的に見やすい工夫をすることで、ひと目で用件がわかり、内容も頭に入りやすくなります。

例　企画書の修正について報告するとき③

【企画書の修正箇所のご報告とご相談】←見出し

① 3ページ目：キャッチコピーと概要、目的を追
　加しました。
　↑番号

② 5ページ目：見やすいように箇条書きにしよう
　と思います。
　⇒【ご相談】ただ、箇条書きだと伝わりづらい
　かもしれません。
　どのような形がよいと思われますか？　お知恵
　をお貸しください。

③ 7ページ目：グラフの数値を正しく変更しました。

④ 8ページ目：誤字を修正しました。

rule 23 ［ 結論から先に書く ］

　ビジネスのコミュニケーションでは、結論は文章の最初に示しましょう。相手がメッセージを読みとる負担を、少なくすることができます。忙しい相手に要点を早く正確に伝えましょう。

　たとえば、相手に打ち合わせの依頼をするときのチャットの書き方について考えてみましょう。

✕ 悪い

Aさん

> 先日は、ありがとうございました。
> 以前お話しした研修の件、あれからいろいろと考えたのですが、次のA案かB案のどちらかで進めたいと考えています。
> -----
> A案：グループワークを入れて実施
> B案：講義形式の座学スタイルで実施
> -----
> どちらにするか相談させていただきたく、7月11日（月）16:00〜17:00でお打ち合わせをお願いできますか？

　前置きが長く、結局相手に何を伝えたいのか、最後まで読まなければわかりません。

よい

Aさん

【打ち合わせの依頼】
以前お話しした研修の件で相談があります。
7月11日（月）16:00〜17:00でお打ち合わせをお願いできますか？

■相談内容
研修スタイルをAかBのどちらにするか

A案：グループワークを入れて実施
B案：講義形式の座学スタイルで実施

　結論から端的に話すことで、要点がわかりやすくなります。
　とくに相手に何かアクションを求める場合は、「相手が一番知りたいこと」を意識しながら、冒頭の一文で要点を伝えるようにしましょう。

_{rule}
24 背景や根拠を共有する

　結論とともに、そこに至った背景や根拠もあわせて明示しましょう。必要な情報を一度に届けることで、相手の「なぜ？」が解消されます。

　次の例は、背景の共有なしに結論だけを伝えた場合です。

悪い　×

Aさん

【研修スタイルのご相談】
以前お話しした研修の件について、個人的にはA案がいいと考えています。Bさんはどう思われますか？

A案：グループワークを入れて実施
B案：講義形式の座学スタイルで実施

Bさん

どうしてA案がいいと思うの？

Aさん

A案のほうが、参加者の習熟度が高まると思ったからです。

Ａさんは、Ａ案がよいと判断した背景を省いてしまいました。Ｂさんは、判断理由を聞くためだけにわざわざレスポンスをしなければならず、やりとりをする回数が必然的に増えてしまいます。

　リアルでこのやりとりをするのは簡単で、時間もかかりません。しかし、テキストでのやりとりが増えると、結果的にお互いの負荷が増えることにつながります。

よい　　　Ａさん

【研修スタイルのご相談】
以前お話しした研修の件について、Ｂさんのご意見をお聞かせください。
個人的にはＡ案がよいと考えています。
参加者の習熟度をより高められるからです。←結論に至った背景

Ａ案：グループワークを入れて実施
Ｂ案：講義形式の座学スタイルで実施

Ｂさん

なるほど。最初はＢ案がいいと思ったけれど、たしかにＡ案のほうが習熟度は高まるし、参加者の満足度も高まりそうですね。
Ａ案でいきましょう！

背景や根拠が相手の判断材料にもなるため、相手の出す結論が変わることもあります。

　80ページはデフォルメされた例ですが、AさんがBさんを納得させる根拠を示せたからこそ、BさんはAさんの提案をよしとしました。根拠がなかったら、Bさんは最初にいいと思っていたB案を推していたはずです。

　少ないターンでやりとりできるに越したことはありません。1回のメッセージでなるべく簡潔に、結論に至った背景や根拠まで盛り込むようにしましょう。

一度に必要な情報を届ける

「誰に」「何を」伝えるのか 明確にする

「誰に」「何を」伝えるメッセージなのかを明確にしましょう。メールでは、むやみに「TO」や「CC」に送り先を入れて、相手を通知まみれにしないようにしましょう。相手に負荷がかかるだけではなく、大事なメッセージが埋もれてしまう原因にもなります。

▶「TO」に入れる宛先：目を通して返信してほしい人
▶「CC」に入れる宛先：目を通してほしい人（返信不要）

「TO」や「CC」に入れる宛先にはどのような意図があるのかを改めて理解しましょう。そのうえで、メッセージを送る前に、次のことを確認してください。

▶あまり関係のない人まで巻き込みすぎていないか？
▶少しでも関係があるからと、「とりあえず」という気持ちで「CC」に宛先を加えていないか？
▶個別の連絡なのに、「CC」に関係のない人たちを入れたまま、やりとりを続けていないか？

とくにチャットでは、複数の人たちが1つの「部屋」でやりとりをするケースも多く、会話はどんどん流れていきます。「何の話？」「これは私に関係あるの？」と相手が混乱しないよう、「誰に」「何を」伝えるのかについて、より明確に意識しましょう。

例　複数の人たちが参加するグループチャットでのやりとり

悪い　

> ○○セミナーの開催日程を共有いたします。
>
> ・開催日時：8月3日（水）16:00〜18:00
>
> 関係者は7月10日中に出欠の有無をお知らせください。

よい

Cさん、Dさん、Fさん←誰に
7月10日中に○○セミナー出欠の有無を
お知らせください。←何を
・開催日時：8月3日（水）16:00〜18:00

「@名前」でメンションをつけて、指定ユーザーに通知を届ける投稿方法もあります。

例　メンションをつけて宛先を指定するとき

@サトウタロウさん←メンション
次回の会議について（以下略）

［「誰が」「何をするのか」
主語と述語をはっきりさせる］

　日本語は主語がなくても話が通じることも多いため、文章があい
まいになりがちです。相手に1回のターンで正しく内容を伝えるた
めにも、「誰が何をするか」「誰が何と言ったか」などの主語と述語
は明確にしましょう。

　次の〈悪い例〉では、誰が日程の調整をして、日程が決まったら
誰がどうするのかが伝わりません。

悪い　　次回の打ち合わせ日程については、後日調整す
　　　　　ることになりました。

よい　　6月26日に予定していた打ち合わせ日程の変
　　　　　更について、クライアントの〇〇さんが後日調
　　　　　整してくださることになりました。
　　　　　↑「誰が」「何をする」
　　　　　決まり次第、〇〇さんからご連絡をいただくこ
　　　　　とになっていますので、また私から共有いたし
　　　　　ます。←「誰が」「何をする」

次の〈悪い例〉では、「クライアントからは」とありますが、クライアントの誰の発言なのか、主語があいまいです。また、クライアントの反応を受けて、誰が何をするのかが伝わりません。

✕ 悪い　クライアントからはよい返事がありませんでした。

よい　クライアントの〇〇部長は「なぜそういう結論に至ったのかよくわからない」とおっしゃっていました。←「誰が」
つきましては、私もしくは課長から、根拠となったデータを〇〇部長に詳しく説明する必要があると考えています。
↑「誰が」「何をする」

誰が何と言ったのか。それを受けて、誰がどういう行動をとるのか。これによって、事の重大さが変わる場合もあります。

テキストコミュニケーションでは、相手が疑問を抱いたり、モヤモヤしたりしないように、主語と述語をはっきりさせましょう。

「事実」と「主観」は分ける

　事実と主観を混ぜて書いてしまうと、相手は判断に困ります。また、「それは事実ですか？」というやりとりでラリーが増えると、コミュニケーションのコストも増え、相手のストレスになります。

　「だと思います」だと、あくまで憶測になります。事実を伝える場合は、相手が混乱しないように「です」と言い切りましょう。

例　「社内の連絡ミス」の事実を伝える場合

悪い ✕

> 今回のトラブルが起きたのは、社内の連絡ミスが原因だと思います。
> 期日などがきちんと伝わっていなかったようです。
> ↑主観（憶測）？　　と相手は不安になる

よい

今回のトラブルが起きたのは、社内の連絡ミスが原因です。←事実＋「です」（断定）

期日の変更を、営業部から制作部へチャットで伝えましたが、制作部がメッセージを見落としていました。←事実＋断定

例　Bさんからの商談の報告①

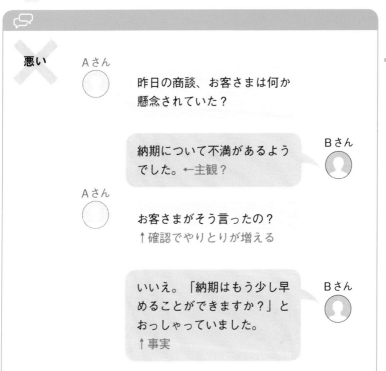

　これはリアルでもテキストコミュニケーションでも、事実と主観が混ざったやりとりは意外と多いものです。

　口頭であれば、すぐさま「それは事実？　それともあなたが思っていること？」と確認がしやすい一方で、テキストコミュニケーションでは、ちょっと確認するにもお互いに手間が増えます。

例　Bさんからの商談の報告②

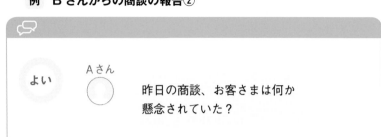

　事実なのか主観なのかによって、相手の判断や行動は変わります。正確かつ効率よくコミュニケーションをするためにも、「事実」と「主観」ははっきり分けて書きましょう。

rule 28

相手に行動してもらいやすい 「ひと工夫」を加える

　相手に何かお願いをして協力してもらうというのは、「相手の貴重な時間を使って行動してもらう」ことです。また、お願いばかりが続くと、相手は耳をふさぎたくなります。お願いのメッセージは、相手に気持ちよく動いてもらうことを意識しましょう。

　親しい間柄ならば問題ないかもしれませんが、用件を端的に伝えるだけでは一方的な要求に思え、相手への配慮が感じられません。

例　用件を端的に伝える

> **悪い**　アンケートへのご協力をお願いいたします！

　とくに忙しい相手だと、アンケートに回答する気はあったとしても、「この忙しいときに……今すぐ答えろってこと？」などとネガティブな反応になる可能性があります。

　依頼の目的が明記されていてはじめて、相手はアクションを起こす動機が得られます。さらに期日の明記があることで、相手は予定が立てやすくなります。

例　相手に行動してもらいやすい「ひと工夫」①

よい

〇〇プロジェクトの成功に向けて、企画内容を
充実したいと考えております。←依頼の目的
お手数をおかけしますが、←相手への配慮
1週間後の9月5日（月）までにアンケートへ
のご協力をお願いできますか？←期日の明記

「お手数をおかけしますが」や、「お願いできますか？」といった
ひと言に、忙しい相手にお願いする際の配慮が感じられます。

例　相手に行動してもらいやすい「ひと工夫」②

さらに
よい

【入力2分！アンケートのお願い】←所要時間
〇〇プロジェクトの成功に向けて、企画内容を
充実したいと考えております。←依頼の目的
お忙しいところ申し訳ございません。←配慮
お手数ですが、1週間後の9月5日（月）までに
アンケートへのご協力をお願いできませんか？
↑期日の明記

所要時間の目安が示されていると、「2分なら今すぐ回答しよう
かな」などと、行動してもらえる確率が高まります。

また、「お忙しいところ申し訳ありません」など、相手への配慮がひと言あると、そのあとのお願いも押しつけがましくありません。

☐ お願いをするときのひと工夫

▶お願いをする目的、期日を明記する

▶相手に時間を使ってもらうことへの配慮を示す

「お忙しいところ恐縮ですが、お時間をいただけると幸いです」

▶アンケートなど、所要時間の目安がわかる場合は、ひと言添える

件名に【入力〇分】、本文に「所要時間は〇分です」

▶相手がお願いを忘れていると感じたら、リマインドを送る

社内向けの催促メールの例

・「〇〇につきまして、ご確認状況はいかがでしょうか。ご多用のところ恐縮ですが、期日は〇月〇日となっておりますので、念のため連絡を差し上げました」

・「行き違いであれば申し訳ございませんが、まだ私の方で確認ができておりませんので、状況確認のため連絡させていただきました」

社外向けの催促メールの例

・「〇〇に関して、ご尽力いただき感謝申し上げます。いよいよ来週〇日に先方に提出予定ですが、お困りごとやご不明点などございませんでしょうか。私どもで何かできることがありましたら、何なりとお申し付けくださいませ」

共通

・冒頭に【ご確認】をつける

・「お忙しいところ大変恐縮ですが、〇月〇日〇時までにご返信いただけると幸いです」

rule 29 [「ここ」「それ」など、あいまいな指示語は誤解のもと]

　「あれ」「これ」「それ」といった指示語や、「先日」「先方」といったあいまいな言葉は、内容が正しく伝わらず、誤解を生む原因となるので避けましょう。とくにテキストコミュニケーションでは、５Ｗ１Ｈはしっかりと意識しましょう。

　「あれ」「これ」「それ」といった指示語は、前提を共有していないと正しく内容が伝わりません。また、「今回」「先日」といったあいまいな言葉も、正しく内容が伝わらない原因となり得るので使用を避け、具体的な言葉に言い換えましょう。

　次の〈よい例〉では、日付や資料名、ページを指定して具体的に伝えています。

悪い
> あの資料のデータを、先日の資料のように修正いただけますか？

よい
> ８月10日にいただいた資料のデータを、８月３日にお送りくださった『新規ビジネス紹介資料.pdf』のＰ４に掲載されていたグラフのように修正いただけますか？

次は口頭だとありがちな会話ですが、〈悪い例〉では、誰に何をいつまでにしてほしいのか、一度のメッセージでは読みとれません。

悪い ✕ 今度クライアントに持って行く資料、よろしくね！

よい Ａさん、次回クライアントに持って行く売上報告の資料は、５月12日（木）の午前11時までに作成しておいてね！

「今度」はいつ頃のことか（いつまでに用意するか）、クライアントに持って行く資料が複数あるとしたら、どの資料を指すかなど、できるだけ解釈の幅が生まれないようにしましょう。

テキストコミュニケーションでは、５Ｗ１Ｈ（When：いつ、Where：どこで、Who：誰が、What：何を、Why：なぜ、How：どのように）を、意識的に示すくらいがちょうどいいです。

人によって定義が異なる言葉は使わない

　「午後イチ」「本日中」「きちんと」など、人によって定義が異なる単語や、「結構です」「大丈夫です」といった解釈が広がる言い回しには注意が必要です。言った、言わないのトラブルを避けるためにも、５Ｗ１Ｈをしつこいくらい意識しながら、できるだけ具体的な単語で表現していきましょう。

　「午後イチ」は、相手によって12時であったり13時であったり、認識が分かれる可能性があります。具体的な時刻を明記しましょう。

悪い	明日の午後イチにお電話します。
よい	明日の午後１時にお電話します。

　次の〈悪い例〉では、発言者が指す「ちゃんと」の定義や範囲がよくわかりません。相手が具体的な行動に移せる言い回しをしましょう。

✕ 悪い	お客さまからクレームを受けたよ。 ちゃんとやったの？
よい	○○の件で、お客さまから「対応が遅い」とクレームを受けました。 どういう流れでどんな対応をしたのか、詳しく教えてください。←具体的な行動❶ それに、遅くなる事情があるなら、お客さまからご相談を受けた段階で、私にまず相談してもらえると助かります。←具体的な行動❷

「考えておく」は、人によって純粋に「検討する」を意味することもありますが、断るときの婉曲な言い回しで使われることもよくあります。

✕ 悪い	考えておきますね。
よい	検討するため、2日間ほどお時間をください。

テキストコミュニケーションでは、人によって定義が異なり、解釈が広がるあいまいな言い方はやめましょう。

☐ **人によって定義が異なる主な単語と、よくある疑問**

- ▶午後イチ　　　　　　➡　12時？　13時？
- ▶本日中　　　　　　　➡　業務時間中？　24時？
- ▶多少　　　　　　　　➡　どのくらい（の量）？
- ▶すぐ　　　　　　　　➡　何分後？　いつ？
- ▶そのうち　　　　　　➡　いつ？
- ▶きちんと（ちゃんと）➡　どの程度のレベル感？
- ▶結構です　　　　　　➡　よい？　悪い？
- ▶大丈夫です　　　　　➡　問題ないってこと？
- ▶考えておきます　　　➡　文字通り、検討してくれている？
　　　　　　　　　　　　　断られている？

rule 31 〔 引用文を活用する 〕

　膨大な量のやりとりで話のポイントを見失わないよう、積極的に引用文を活用し、何の話か即座にわかるようにしましょう。

例　複数のテーマが飛び交うチャットで発言するとき

Aさん

10月4日（火）13時からA案件の打ち合わせがあります。企画書「リモートワーク全社運用に向けたご提案」に目を通しておいてくださいね。

悪い　承知しました！

Bさん

Bさん

A

10月4日（火）13時からA案件の打ち合わせがあります。企画書「リモートワーク全社運用に向けたご提案」に目を通しておいてくださいね。

承知しました。↑引用

　Bさんとしては、テキストですぐ上にあるAさんの発言に対して「承知しました！」と返答したつもりかもしれません。

　けれども、チャット上ではA案件以外の複数の議題についても会話が飛び交っている状態です。

　チャットに参加しているBさん以外のメンバーは、「BさんはもしかしてA案件について返信しているのかな？」と考えるかもしれませんが、いまいち確信が持てないはずです。

　チャットで複数の会話が並行して進んでいる場合は、相手が「これはどの話？」と迷わないために、「引用文を必ず使う」というルールがあるとよいです。「言わなくてもわかりますよね」と相手に期待せず、どの発言に対する返事なのか抜け漏れなく相手に伝えましょう。

　また、発言する側も、テーマごとにメッセージを分けるなど、相手が引用文を活用しやすい工夫をしましょう。

rule 32 ［議論が言い争いに なりそうな場合は直接話す］

　テキストで議論がはじまると、収拾がつかなくなるケースは少なくありません。テキストでの議論が「3ラリー」以上になりそうな場合、「少し話しましょう」と声をかけ、テレビ電話で5分でも直接顔を見ながら話しましょう。そのほうが生産性は高まります。

　チャットで会話が盛り上がること自体はよいことです。ただし、意見が対立して相手の顔が見えないまま会話がヒートアップすると、お互いけんか腰になることがあるので、早めに手を打ちましょう。

例1　課題の解決案について意見が割れたとき

Aさん

> やっぱり、この課題の解決策は〇〇だと思います。

Bさん

> でも、△△で進めるって話に決まりましたよね。今さら〇〇だと、スケジュール的にも難しいのでは……。

Aさん

△△だと、本質的な課題の解決にはつながりませんよね?

「私はこのままテキストで冷静に議論できる」と思っても、議論が3ラリー以上続きそうなら、テレビ電話でのやりとりに速やかに切り替えましょう。

例2 課題の解決案について意見が割れたとき(例1の続き)

Bさん

悪い

じゃあ、スケジュールの折り合いはどうしますか?
↑テキストで話し続ける

よい

ちょっと、テレビ電話で話しませんか?
↑顔を見て話せるツールに切り替える

or

> | さらに
よい | テキストだと誤解が生まれそうなので、
テレビ電話で直接お話しできるとありが
たいです。
↑ツールを切り替えたい理由
このあとご都合のよいタイミングで、5
分ほどお時間をいただけませんか？
↑顔を見て話せるツールに切り替える |
> | --- | --- |

　とくに空気がピリピリと悪化しているように感じる場合は、「テキストだと誤解が生まれそう」という背景にある懸念もあわせて、建設的に話し合いたい旨を伝えましょう。

　無用な争いはしないに越したことはありませんよね。顔を見て話すだけで争いが防げるのなら、「テレビ電話などで直接話したい」という旨を伝えてツールを切り替えることがおすすめです。怒りにエネルギーを割くのではなく、話を進めることに注力できます。

rule 33 [長文は、ビジネスでは OK、個人向けは NG]

　PC で使うことの多いビジネスチャットでは、長文のやりとりもそれほど苦にはなりません。ただし、長文を送る際には、相手に長文であることへの断りのひと言を添えたり、わかりやすく見やすい内容を心掛けたりするなどの配慮が必要です。一方で、スマートフォンで使うことの多い個人向けチャットは、長文には不向きです。内容が長くなる場合は、相手がメッセージを理解しやすいよう、吹き出しを分けるなどの工夫をしましょう。

　ビジネスチャットは PC で使用することが多く、画面の広さを活かして長文でやりとりをすることが想定されています。

　ただし長文を読むのは、相手にとって負荷になるので、メッセージを送る際には次のようなひと言を添えましょう。

☐ **メッセージの冒頭で、断りのひと言を添える**

▶長文失礼いたします。

▶長文となり申し訳ございません。

▶長文となり恐縮ですが、ご一読のほどお願いいたします。

☐ **端的でわかりやすい内容と、ビジュアル的な見やすさに配慮する**

▶端的でわかりやすい内容：rule22 〜 31を参照

▶ビジュアル的な見やすさ：rule43 〜 50を参照

一方で、Facebook Messenger や LINE といった個人向けチャットはどうでしょうか。個人向けチャットは、基本的にスマートフォンでの操作を前提として利用されることが多いので、長文のやりとりにはあまり向きません。スマートフォンの画面で見る長文メッセージは、縦に長く積み上がり、ＰＣ画面で見るときよりも受け手に重くのしかかるような圧を与えます。

例　同じ内容でも、吹き出しを分けると印象が変わる

悪い

> 先日は、お打ち合わせの時間をいただきまして、誠にありがとうございました。
> 商品Aのお見積りの用意ができました。
> なお、詳細について、来週に1時間ほどお時間をいただけますでしょうか。
>
> 〈 候補日時 〉
> ・11月14日（月）10:00〜11:00
> ・11月16日（水）14:00〜15:00
> ・11月25日（金）15:00〜16:00
>
> ご都合をお聞かせいただけますと幸いです。
> お忙しいところ恐縮ですが、ご検討くださいませ。
> どうぞよろしくお願いいたします！

> 商品Ａの見積書
>
>

よい

先日は、お打ち合わせの時間をいただきまして、誠にありがとうございました。
商品Aのお見積りの用意ができました。

商品Aの見積書

なお、詳細について、来週に1時間ほどお時間をいただけますでしょうか。

〈候補日時〉
・11月14日（月）10:00〜11:00
・11月16日（水）14:00〜15:00
・11月25日（金）15:00〜16:00

〇〇様のご都合をお聞かせいただけますと幸いです。お忙しいところ誠に恐縮ですが、ご検討くださいませ。
どうぞよろしくお願いいたします！

↑内容ごとに吹き出しを分ける

個人向けチャットは、スマートフォンで見ることが多いもの。長文を塊で送りつけられると、相手が負担を感じる可能性は高くなります。吹き出しを分けるなどビジュアル的な「見やすさ」に配慮があると、同じ内容でも、相手もより理解しやすくなります。

　言いづらい内容は、一方的に伝えたい内容を伝えるのではなく、相手の反応を見ながら少しずつ伝えるようにしましょう。

同じ内容でも印象がちがう

長文　　　　　短文

第3章のまとめ

- 用件は、「シンプルに、わかりやすく」が鉄則

- 「相手が一番知りたいこと」から伝える

- 結論だけでなく、そこに至る背景や根拠も伝える

- チャットやメールでは、用件に関係のない人は宛先に入れない

- 「誰が」「何をするのか」──主語と述語は明確にする

- 「事実」と「主観」は分けて伝える

- お願いするときは、相手が引き受けてくれるように、目的・期日・感謝を記す

- あいまいな指示語や、人によって定義が異なる言葉には注意する

- 引用を活用することで、前提を共有しやすくなる

- テキストで3ラリー以上の議論はしない

- 吹き出しを分けるなど、ビジュアル的な見やすさも意識する

第 **4** 章

「表現」によって
ニュアンスまで伝わる

伝えるときの「想い」も言葉に乗せる

　想いは言葉にしなければ伝わりません。だからこそ、ただ単に用件を伝えるだけではなく、想いも含めて伝えましょう。

　テキストの言葉はリアルよりも冷たく感じられます。ニュアンスまで伝えるには、「事実」をより「具体的で表現豊かに」伝えましょう。

　rule21 でもお伝えした通り、テキストでのリアクションは「ちょっとオーバー」くらいで伝わります。

　たとえば誰かをほめるタイミングで、次の〈まずまずの例〉はちょっとシンプルすぎかもしれません。もちろん、相手に対する感謝の気持ちを言葉で示し、「！」で感情も表現しているので、悪いわけではありません。

　けれども、とくにポジティブな話をするときは、お互いに心理的安全性や信頼関係を強めることができる絶好のチャンス。感情を乗せる重要なタイミングです。「具体的に、テンション高めに」ほめることで、相手にポジティブな想いがより伝わります。

　ネガティブな話の場合も、状況を具体的に伝えたほうが、相手の理解も早くなり、より改善につながります。

例　相手の機転が利いて、トラブルを未然に防ぐことができたとき

まずまず

> 本当に助かりました！　ありがとうございました！

よい

助かりました 😊 🖤　ありがとう！！

よい

〇〇さんがすぐ電話で情報共有してくださった
おかげで、危機を脱することができました。本
当に助かりました。ありがとうございました！

例　納期に遅れている相手に催促するとき

悪い

> 商品Aは、昨日7月14日（木）が納品予定でしたが、
> 15日現在でいまだにこちらに届いておりません。
> 至急ご連絡ください。

よい

商品Aは、昨日7月14日（木）が納品予定でしたが、
15日現在でいまだにこちらに届いておりません。
事前にお伝えした通り、今週末に販促キャンペー
ンを予定しています。当社の在庫が少ないため、
本日の17時までに納品いただけないと、業務に支
障が出かねません。いつ納品されるのか至急ご連
絡ください。←事実を具体的に伝える

「選定するワード」は
相手によって変える

テキストコミュニケーションでは、リアル以上に「相手の受け取り方がすべて」です。選ぶ言葉も、相手のスタンスや相手との関係性によって柔軟に変えていきましょう。

関係性がしっかり築けていたとしても、そもそも絵文字や顔文字を多用したテキストコミュニケーションを嫌がる方もいるため、相手によって言葉や表現を選ぶ必要があります。

例　　一定の距離感のある相手に対してお礼を述べるとき

悪い ✕

> 先日はお打ち合わせのお時間を取ってくださり、ありがとうございました ☺ ♥
> 来週の2月10日（金）までに企画書を提出いたしますので、お待ちください ⚱

よい

> 先日はお打ち合わせのお時間を取ってくださり、ありがとうございました。
> 来週の2月10日（金）までに企画書を提出いたしますので、お待ちくださいませ！

関係性をしっかり築けている部下に指示する場合は、〈悪い例〉で示した文面でも問題はないかもしれません。

ただし、淡々としたテキストを送ると、「何か怒っているの？」「冷たい」と感じる人もいます。とくに、まだ関係性ができていない部下だと、発言者の感情がつかみ切れず、委縮してしまう場合もあります。

例　新人の部下に指示をする

悪い

> 【A社見積書の更新依頼】
> 週明け月曜日の午前中までに、資料を更新して私宛てに送っておいて。

よい

> 週明け月曜日の午前中までに、資料を更新して私宛てに送っておいてもらえるかな？
> 急なお願いで申し訳ないけど、よろしくお願いします！

テキストコミュニケーションのキーワードは、「カメレオンであれ」。お互いが気持ちよくやりとりをするためには、言い回しを臨機応変に相手に合わせていきましょう。

［語尾に「思いやり」の
ひと言を添える］

テキストコミュニケーションでは、ちょっとしたひと手間で、相手との関係性がよくなるケースは少なくありません。私は「0.3秒の工数で30倍以上のあたたかさリターンがある」と考えています。

語尾にひと工夫があるかどうかで、受け手の印象は大きく異なります。思いやりのひと言があるだけで、受け手の気持ちまでほんのりあたたかくなるものです。

悪い ✕

> 了解

よい 〇

> 了解 😊

or

> 了解、ありがとう！

or

> 了解しました。おつかれさま！

ちょっとひと手間だとしても、コミュニケーションが円滑かつスムーズになるのであれば圧倒的なメリットがあるということを心に留めておいてください。

関係性が築けていない相手とやりとりをする場合は、思いやりの
ひと言を意識的に添えるなどしてみましょう。

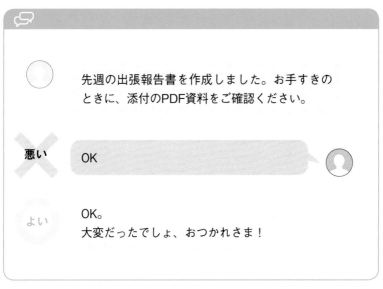

先週の出張報告書を作成しました。お手すきの
ときに、添付のPDF資料をご確認ください。

悪い

OK

よい

OK。
大変だったでしょ、おつかれさま！

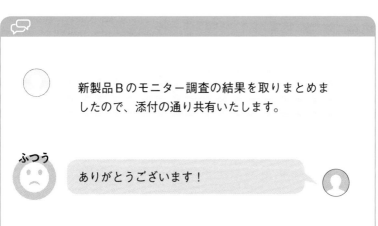

新製品Bのモニター調査の結果を取りまとめま
したので、添付の通り共有いたします。

ふつう

ありがとうございます！

| よい | お忙しい中、ありがとうございます！
助かります。 |

or

| よい | ありがとうございます！
拝見するのが今から楽しみです！ |

Aさん

では、明日の13時に御社にお伺いいたしますね。

Bさん

| **悪い** | かしこまりました。 |

| よい | かしこまりました。
どうぞお気をつけてお越しください。 |

or

| よい | かしこまりました。
お目にかかるのを楽しみにしております。 |

断定せずに、
あえて「かも」を付ける

　相手に対して指摘をするとき、明らかに間違っている内容であっても、語尾に「かも」を付けてあえて断定的に伝えないのは、ときに大切なコミュニケーションのスキルです。

　たとえば、部下が送ってきた報告書の数字が明らかに間違っている場合を考えてみましょう。

✕ 悪い	報告書のAの部分の数字に間違いがあるから、直しておいて。
よい	報告書のAの部分の数字が少し間違っているかも。← 「かも」 もう一度見直してもらえると助かります。

「間違いがある」と断言するのではなく、語尾に「かも」を付けるだけで、受け手の印象はずいぶん違ってくるから不思議です。
　この際のコミュニケーションの目的は、間違いを指摘して相手を傷つけることではありません。間違いに気づいてもらって、正しく直してもらうことです。

語尾にあえて「かも」を使うことで、相手が指摘を受け入れて行動しやすくなるのなら、十分に目的を果たしているのではないでしょうか。

　ただし、何でもやわらかく言えばいいわけでもありません。たとえば、やる気のない相手にどこまで配慮するのかという問題はあるので、一概には万能なスキルと言えません。

　けれども、真摯に仕事に向き合っている相手に対して指摘する場合は、必要以上にダメージを与えてモチベーションが下がらないように配慮をすることも、コミュニケーションの大切なさじ加減です。

rule 38 ［ネガティブな指摘は ほめてから］

ミスをした本人も悪いとわかっていても、直接指摘されると耳が痛いもの。とくにテキストで指摘をすると想像以上に冷たく、攻撃的に見えます。

指摘をするときには、受けとめる相手の気持ちを想像しながら伝えましょう。まず相手をほめることなども有効です。

例　相手がまとめた報告書のミスについて指摘するとき

✕ 悪い

> 報告書のA部分の数字が間違っているよ。
> 直しておいて。

よい

> 全体的によくまとまっていて、すごくわかりやすかったです！←ほめる
> ただ、A部分の数字は少し間違っているかもしれないので、見直しておいてもらえると助かります。←指摘

〈悪い例〉は、事実を指摘して指示をするだけですが、それが攻撃的に見え、相手によっては心理的安全性が脅かされることも。指摘する内容を相手が受けとめやすくするためには、「ほめてから指

摘する」のも大切なスキルの1つです。

「ほめてから指摘する」とともに、これまでに述べてきた次のような配慮で、相手が指摘を受けとったときのショックをできるだけやわらげることも意識しましょう。

▶断定せずに、あえて「かも」を付ける

▶絵文字など、思いがより伝わる表現を積極的に使う

▶語尾に「思いやり」のひと言を添える

例　アイデアの実現性を指摘するとき

悪い ✕
〇〇さんの案は、スケジュール面で実現可能とは言えないのでは？
現状のままだと採用は難しいから、見直して。

よい
報告書の作成、よくがんばったね！←ほめる
ただ、実現するには、スケジュールの面で厳しいかも。←「かも」
見直しておいてもらえるかな？←指摘

or

よい
報告書の作成、おつかれさまでした！
私には思いつかなかったアイデアに脱帽しました！←ほめる
ぜひ実現させたいので、実現可能性を高めるために、スケジュールを見直してみてほしいです😊←指摘＋絵文字

or

よい

〇〇さんの案を拝見しました！
アイデアがものすごく斬新ですね〜 😊 👍
↑ほめる＋絵文字
こういう発想ができるのはすごい！！←ほめる
ただ、実現するには、スケジュールの面で厳し
いかも。←指摘＋「かも」
現状のままだと採用は難しいかもしれないので、
見直してみて！←「かも」
素敵なアイデアなので、実現できるようがんば
ろう 😊 👍 ←思いやり＋絵文字

☐「思いやり」のひと言の例

▶またお会いできることを楽しみにしています

▶〇〇さんにアドバイスいただいたおかげです

▶まだまだお寒い折、どうぞご自愛ください

▶よい週末をおすごしください

▶またお会いできる日を楽しみにしております

rule 39 ［ ほめるときも 指摘するときも、具体的に ］

　生産的なコミュニケーションには「具体的に伝える」ことが肝心です。加えて、ネガティブな内容を伝えるときは「具体的なネクストアクション」をセットで提案しましょう。

　次の〈ふつうの例〉も、相手に気持ちは伝わるはずです。ただし、「"どの部分"が"どのように"よかったのか」具体的にほめることを意識すると、さらによいでしょう。ほめるときに限らず、承認するときや応援するときなども、具体的に伝えるようにしてみてください。相手は「この人は見ていてくれている」「私のことを理解しようとしてくれている」と思い、信頼感が高まります。マネジメントにおいても効果的な伝え方のコツです。

例　相手にポジティブな内容を伝えるとき

ふつう　今回のプレゼン、すごくよかったよ！

よい　今回のプレゼン、すごくよかったよ！
言葉や展開に説得力があったし、聞いている人の心にぐっと迫る内容だった！
↑具体的

ネガティブな内容には「具体的なネクストアクション」を添えると、相手と摩擦なく「改善」というゴールに向かえます。

例　相手にネガティブな内容を伝えるとき

✕
悪い

この企画書、いまいちだね。

よい

この企画書、実績の数字が細かすぎるかも。

プレゼンの相手は社長だから、こういう細かい部分よりも、担当者としての想いをもう少し言葉を尽くして書いてみてはどうかな。←具体的

　「よくない」「見にくい」「違うほうがいい」など、抽象的に指摘をする、されるケースは、多いかもしれません。

　リアルなら即座に「どのあたりですか？」などと聞き返せますが、テキストコミュニケーションの場合、言われた相手は「どうしたらいいの？」と困惑してフリーズしたり、「どこが？」と反発してけんか腰になったりと、コミュニケーションに支障が生じかねません。

　テキストで相手にネガティブな内容を伝えるときも、「具体的に伝えること」が肝心です。ただし、指摘するだけでは評論家の「高みの見物」のように見えてしまいます。相手の伴走者になるために

は、「こうしたらどう？」といった具体的な次のアクションまで提案できると、よりよいでしょう。

> ×　雰囲気だけで伝えてしまうコミュニケーション
> ○　具体的に伝えるコミュニケーション

☐ やりがちな「雰囲気だけの伝え方」と、受け手の疑問

- ▶あまりよくない　　　➡　何が、どのようによくない？
- ▶見にくい　　　　　　➡　なぜ見にくい？　何が見にくい？
- ▶違うほうが　　　　　➡　なぜ？　どの部分がいまいち？
- ▶うまくやっといて　　➡　「うまい」状態って、どんな状態？
- ▶そんな感じで　　　　➡　どんな感じ？　何が決め手？
- ▶なるべく早く　　　　➡　締め切りはいつ？
- ▶ちゃんと／もっと考えて　➡　どのような考えが足りていない？
- ▶高い意識を持って　　➡　「高い意識」って何？
- ▶いくつか　　　　　　➡　いくつ？　具体的な数は？
- ▶こそあど言葉　　　　➡　どれ？　どの？

rule 40 雑な意見は質問と提案で落としどころを探る

「いまいち」「パッとしない」「何か違う」などと、相手からふんわりとした抽象的な意見をもらったときは、「具体的に返す」「具体的な仮説をぶつけてみる」を意識しましょう。

たとえば、上司と企画書のやりとりをする場合を見てみましょう。

自分

企画書「〇〇サービスの導入」について
ご覧いただけましたか？

上司

見たよ！　うーん、ちょっとパッとしないな。

✕　悪い

自分

（言葉を失う）

上司
何か違うんだよね。

自分
（何から手をつければいいかわからない……）

　相手から「パッとしない」などとつかみどころのない意見を言われると、思わず「どうしたらいいのか……」と困ってしまうのではないでしょうか。

　とは言え、ふんわりとした聞き方で投げ返しても進展しません。あいまいな回答には、こちらから「具体的な質問や仮説」をぶつけ、相手の回答の意図をさぐりましょう。

よい

自分
パッとしないというのは、具体的にはどのあたりでしょう？ ←具体的な質問

上司
今はすごく地味じゃない？
もう少し見栄えがよくなるように派手にしてよ。

なるほど。現在の色合いはグレーが基調ですが、たとえば重要な部分はオレンジとかピンクとか、もっと派手な色味を使ってみましょうか？
↑具体的な仮説

上司

よさそうだね。
そして、もっとインパクトがほしいかな。

自分

たとえば、文章はもっとコンパクトにして、重要なキーワードを思いっきり大きく載せてみるのはどうでしょう？
↑具体的な提案

　具体的な質問と提案をくり返しながら、相手の頭の中のイメージと自分の理解をすり合わせることで、落としどころも見つかります。

言い回しや絵文字で
圧迫感をやわらげる

　テキストで疑問を投げかけるときは、相手を責めたり追い詰めたりしないようにしましょう。語尾のひと工夫が大切です。

　たとえば、書類の提出が予定より遅れてしまう件について、上司にチャットで連絡したとします。そのとき、次のようなひと言が上司から返ってきたらどう思うでしょうか？

　もしかしたら上司は単純に、「何かあった？」と心配して、状況について聞いているだけかもしれません。一方で、書類の提出が遅れることに怒って、詰問しているようにも見えます。

　つまり、文字面だけでは部下は上司の反応がつかめません。

　この場合の上司のように、相手に問いかける場合は、自分自身の真意をできるだけ的確に伝える工夫をしましょう。

よい

 自分
（上司）

大丈夫？　←思いやりのひと言
明日の13時までに提出してもらわないと、
部長の決裁に間に合わないんだよね🙏
　↑具体的な状況＋絵文字
何か手立てはあるかな？
　↑やわらかい語尾

（切迫した状況の場合）

　状況を知りたいから５分話せる？
　このあと電話します！
　　↑ツールの切り替え

　単純な質問にとどまらず、説明を求めたり調整などを必要としたりする場合も、相手が委縮せずにコミュニケーションを続けられるように、次のようなひと工夫で圧迫感をやわらげましょう。

▶できるかぎり具体的に状況を伝える
▶「かも」「かな」など、言い回しをマイルドにする
▶絵文字もまぜる
▶切迫した状況なら、双方向で対話できるツールに切り替える

　クレームやトラブルなど、ネガティブな事態が起こったときにこそ、状況を改善する行動を相手にしてもらうためにも、テキストによるメッセージには配慮が必要です。

rule 42 [ノリはよくても、ライトに なりすぎるのはNG]

　堅苦しい文章にもライトすぎる文章にもならない、ちょうどいい
塩梅（あんばい）が理想です。ただし、ライトな文体で相手の心証が悪くなり、
関係性が危うくなるなら、丁寧すぎるくらいの文体で書いて、相手
から「そんなにかしこまらなくてもいいですよ」と言われるほうが
無難です。とくに目上の人に対するテキストコミュニケーションは、
「丁寧すぎるくらいがちょうどいい」と考えましょう。

　たとえば、部長のコメントに対して、新人が次のように返信した
らどのように感じるでしょうか？

　〈悪い例〉も、部長との関係性によっては一概に悪いとはいえま
せん。企業文化や会社のスタンス、相手との関係性、文脈によって

は、問題がないケースもあります。ただし、テキストコミュニケーションに慣れていない人もいれば、礼節を重んじる人もいるため、注意が必要です。

目上の人に対して、〈悪い例〉で挙げたようなライトな返信をすることで、「失礼なやつだ」「この新人は大丈夫か？」などと相手の心証が悪くなり、関係性が微妙になるのは避けたいですよね。

「！」や絵文字などで、感じのよさややる気の高さは表現しつつも、目上の人に対する言葉づかいは丁寧すぎるくらいがちょうどいいでしょう。

第4章のまとめ

- 用件だけでなく「想い」も含めて伝える

- 相手に合わせた語尾や言い回しをする

- 語尾に「思いやり」のひと言を添えると、
  メッセージがあたたかくなる

- 断定的なことも、あえて語尾に「かも」をつけると、
  印象がやわらかくなる

- 「ほめてから指摘する」と、相手が受けとめやすくなる

- 雰囲気でなんとなく伝えず、具体的に伝える

- 抽象的な意見には、
  具体的な質問と提案で相手とイメージをすり合わせる

- そのまま伝えると、きつい印象になりそうな場合は、
  やわらかい表現を意識する

- 「！」や絵文字でやる気の高さは表現しつつ、目上の人に
  対する言葉づかいは丁寧すぎるくらいがちょうどいい

ビジュアル的な
「見やすさ」は欠かせない

構造をとらえる

だらだらと文章が書き連ねられていて用件や要点がつかみにくいと、理解はおろか読む気もなくなるものです。「①結論→② 背景・根拠→ ③詳細」という順番で、パッと見て読みやすい文章を書きましょう。

構造をとらえた文章は、上から下に流れるように読むことができるため、読み手の理解がよりスムーズになります。

悪い ✕

今回の表紙デザインは、B案で進めたいと思います。もちろん、A案も素敵だとは思うのですが、インパクトが少し弱く、そもそも手に取ってくださるお客さまが少ないのではないかと考えています。それに、部署内でとったアンケートでも、大部分の方がB案を推していらっしゃいました。

よい 〇

今回の表紙デザインは、 B案で進めたいと思います。←まずは結論

【理由①】インパクトが強いのに上品←根拠①

A案に比べてB案は、色彩が豊かでインパクトがある一方で、トーンがそろっていて上品さもあります。←詳細

【理由②】多くの方から支持を得ている
↑根拠②
⇒部署内でアンケート調査した結果、77％の方からB案への支持を得ました。←詳細

「結論→背景・根拠→詳細」という構造をテキストで伝えるイメージは、図にすると次のようになります。

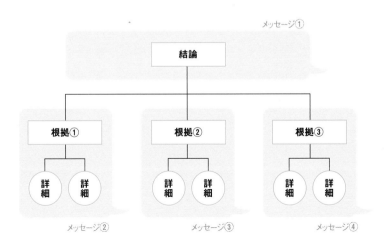

メッセージ①

結論

根拠①　　根拠②　　根拠③

詳細　詳細　　詳細　詳細　　詳細　詳細

メッセージ②　　　　メッセージ③　　　　メッセージ④

適切な改行は、
読みやすい「間」となる

改行がなく文字がつまった文章は読みづらく、相手の読む負担になります。意識的に適度な改行を取り入れましょう。一文が読みやすくなり、用件や要点が伝わりやすくなります。

悪い

> 販促キャンペーンの打ち合わせの結果について報告いたします。開催時期は、7月1日から9月30日までに決定しました。次に、販促施策の一環で、ウェブ広告への出稿が決まりました。ただし、広告代理店と販促キャンペーンのキャッチフレーズは未定です。未決事項は、次回の打ち合わせで協議する予定です。

よい

販促キャンペーンの打ち合わせの結果について報告いたします。←改行
開催時期は、7月1日から9月30日までに決定しました。←改行
次に、販促施策の一環で、ウェブ広告への出稿が決まりました。ただし、広告代理店と販促キャンペーンのキャッチフレーズは未定です。←改行
未決事項は、次回の打ち合わせで協議する予定です。

行アキも、
読みやすい「間」となる

適切な改行とともに、行アキも効果的です。関連する内容を数行でまとめて1ブロックとし、1ブロックの文章の前後に1〜2行の空白を設けてみましょう。用件や要点が明確に伝わります。

第5章 ビジュアル的な「見やすさ」は欠かせない

悪い

おつかれさまです！　新製品の販促会議のアジェンダについてご確認ください。まずは、新製品のコンセプトについて。次に、ターゲットの絞り込みについて。最後に、PRの具体的な施策についてです。不明点や質問などがあれば、私あてにご連絡ください。

よい

おつかれさまです！
新製品の販促会議のアジェンダについてご確認ください。

←行アキ

・新製品のコンセプトについて
・ターゲットの絞り込みについて
・PRの具体的な施策について

←行アキ

不明点や質問などがあれば、私あてにご連絡ください。

箇条書きで内容を整理する

　端的に要点を相手に伝えるべく、伝達する内容が複数ある場合は箇条書きで整理しましょう。

✕ 悪い

次回の会議についてご確認ください。
開催日時は3月10日（金）午後2時〜午後4時までです。場所は第1会議室です。営業部の山田部長、鈴木係長、私（太田）が参加します。議題は、新製品のPRについてです。媒体や手段などを含めたコミュニケーションプランについて話し合う予定です。

よい

次回の会議についてご確認ください。
■日時・場所
　日時：3月10日（金）午後2時〜午後4時
　場所：第1会議室

■参加者
　営業部：山田部長、鈴木係長、私（太田）

■議題：新製品のPRについて
　コミュニケーションプランの決定

見出しをつける

　メールのタイトルや、チャットの冒頭に見出しがあると、何についてのメッセージかがひと目でわかります。また、文章の中に要点が複数ある場合は、要点ごとに見出しをつけましょう。読み手にとっては、その後に続く文章が頭に入りやすくなります。

　【確認】【相談】【報告】【共有】【依頼：○○の件】などの見出しがあれば、相手は今からどんな話がされるのかが瞬時にわかり、心の準備ができます。

第5章　ビジュアル的な「見やすさ」は欠かせない

悪い ✕

> 資料の送付先についてご確認させてください。
> お知らせいただいたご住所に、番地や建物名などの情報がありませんでした。
> お手数ですが、番地以降の情報を教えていただけますでしょうか。

よい 〇

> 　【ご確認】資料の送付先住所について←見出し
> お知らせいただいたご住所に、番地や建物名などの情報がありませんでした。
> お手数ですが、資料の送付のため、番地以降の情報を教えていただけますでしょうか。

また、1つのテキストの中に複数の要点が含まれる場合は、「内容をグループ分けして小見出しをつける」のも効果的です。

悪い

> 原稿の作成にあたり、3つ質問をさせてください。まず1つ目は、原稿のボリュームについてです。どれくらいの文字数をお考えでしょうか？　2つ目は、文末の文体についてです。「ですます調」と「だ・である調」のどちらがお好みでしょうか？　3つ目は、締め切りについてです。いつごろまでに原稿を提出すればよろしいでしょうか？

よい

【質問】原稿作成について←大見出し
原稿の作成にあたり、3つ質問をさせてください。

1　原稿のボリュームについて←小見出し
どれくらいの文字数をお考えでしょうか？

2　文末の文体について←小見出し
「ですます調」と「だ・である調」のどちらが
お好みでしょうか？

3　締め切りについて←小見出し
　いつごろまでに原稿を提出すればよろしいで
しょうか？

rule 48 ［ 囲みや罫線、記号を使う ］

　テキストを見やすく、読みやすくするためには、見出しや箇条書きの先頭に、記号を使うのも1つの手です。また、テキストの中で重要な部分は囲みや罫線で区切り、強調するのも効果的です。

例　セミナーの開催要項

【共有：次回セミナーの開催要項】
次回のセミナー内容について、次のとおり決定いたしました。
みなさま、奮ってご参加ください！

==
★セミナーテーマ：
【初心者必見！】広報担当者が知っておきたいSEO対策

■場所：オンライン

■目次：・SEOとは
　　　　・SEOの基本となる考え方
　　　　・基本的なSEO対策の方法
　　　　・SEO対策でやってはいけないこと

■日時候補

次のうち、ご都合のよい日時を教えてください。
10月31日（火）までにご連絡いただけると、大変助かります。

・11月14日（月）10:00 〜 11:00
・11月16日（水）14:00 〜 15:00
・11月25日（金）15:00 〜 16:00

==
みなさまのご参加をお待ちしております！

　テキストコミュニケーションでよく使う主な記号と罫線は、次の通りです。見やすいかどうか、目立たせたいかどうかなどを踏まえて活用してみましょう。ただし、多用すると逆に見づらく、読みにくくなるので、使いすぎは禁物です。

テキストコミュニケーションでよく使う記号
　「・」、「▼」、「▽」、「▶」、「▷」、「■」、「□」、「●」、「○」、「★」、「☆」、「「」」、「『』」、「【】」「＜＞」

テキストコミュニケーションでよく使う罫線
　「--------」、「=====」、「******」

絵文字を活用する

相手との関係性にもよりますが、用件だけでなく想いも含めて伝わるようにするには、絵文字も活用しましょう。言外のニュアンスまで伝えることができます。

次の〈悪い例〉だと、相手との関係性によっては、「了解した」以上の感情が読めません。

一方で、同じ「わかりました」でも、快諾しているのか、しぶしぶ納得しているのか、本当は納得していないのにとりあえず了解しているのか、絵文字を使い分けることで、微妙なニュアンスまで思いを乗せることができます。

とくにポジティブな話をするときは、絵文字や顔文字を使って感情を乗せて、言外の気持ちも伝えましょう。

悪い　わかりました。

よい　わかりました 😊

or

わかりました(>_<)

or

わかりました ♥

ふつう

おめでとう。がんばった甲斐があったね。

よい

おめでとう〜!!　がんばった甲斐があったね 😊 👍

絵文字があることで、視覚的にも気持ちが伝わりやすくなります。さらに自分の伝えたい気持ちに適切な絵文字を選ぶことによって、より感情の解像度も高く相手と共有することができるでしょう。

「。」が冷たく伝わるときも

　相手との関係性が築けていれば、文章が「。」で終わってもとくに問題ありませんが、相手とそこまでの関係性が築けていなかったり、少しセンシティブな内容をやりとりしたりする場合は、「。」が冷たく伝わることもあります。

　テキストでのやりとりがメールだけのときは、文章の語尾の「。」（句点）を気にする人はいなかったと思います。しかし、顔文字や絵文字を使いはじめると、「。」で終わることにそっけなさや冷たさを感じるようになりました。発言者にその意図がなくても、「。」が冷たく伝わる場合もあることを意識しましょう。

例　自分の出した案が却下されそうなとき①

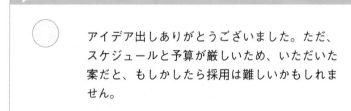

アイデア出しありがとうございました。ただ、スケジュールと予算が厳しいため、いただいた案だと、もしかしたら採用は難しいかもしれません。

悪い　わかりました。

自分

例　自分の出した案が却下されそうなとき②

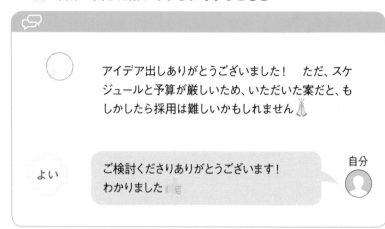

アイデア出しありがとうございました！　ただ、スケジュールと予算が厳しいため、いただいた案だと、もしかしたら採用は難しいかもしれません🙏

よい

ご検討くださりありがとうございます！
わかりました👍

自分

絵文字でニュアンスまで伝えよう

今回はどれ？

わかりました😥

わかりました😊

わかりました🤔

わかりました

第5章のまとめ

- 伝わりやすい文章は、「①結論→②背景・根拠→③詳細」の3つの構造

- 適度に改行を入れて、読みやすくする

- 行アキで関連する内容をまとめると、さらに読みやすい

- 箇条書きで内容を整理して、わかりやすくする

- 見出しを付けることで、ひと目でわかるようにする

- 囲み・罫線・記号で区切りや強調を示す

- 絵文字も使うと、感情がより伝わる

- 「。」だけでなく、絵文字や記号で終わることも検討する

第 **6** 章

目的別・
コミュニケーションのコツ

【報告】いつ、誰が、何を、どうするのか

　テキストで相手に報告する場合は、一度のメッセージで、相手が知りたいポイントが含まれているようにしましょう。

　いつ、誰が、何を、どうするのか。この4つの要素は「報告」に欠かせません。状況によっては「なぜ（目的）」や、「どれくらい（工数や期限）」といった情報も盛り込みましょう。

☐ 報告で相手に伝えるべきポイント

　▶いつ

　▶誰が

　▶何を

　▶どうするのか（どうしたのか）

例　製品の検査結果

✉　　　　　　　　　　　　　　　　　　　　　　　_ ⟋×

【報告】製品Aの検査結果について

製品Aの検査結果について、次の通りご報告いたします。
ご確認のうえ、とくにご不明点やご質問等がなければ、ご返信は不要です。●──「返信不要」の心づかい

```
========================================
検査目的：製品Ａの耐久性と耐水性についての調査
検査実施日：８月４日（木）●── いつ        └─ 何を／どうする
検査実施機関：Ｂ研究所 ●── 誰が
検査結果：耐久性については合格ラインをクリアした。一方で、
耐水性については、合格ラインに届かなかった。●── どうした
========================================

以上を踏まえて、耐水性の課題をクリアするために、●── なぜ
私と研究開発部の鈴木さんで、●── 誰が
８月中に原因の調査と分析を行なう予定です。●── いつ／どうする
原因が特定できましたら、改めてご報告いたします。
                            └── どうする
```

　報告だけなら、「返信不要です」というひと言があると、心づか
いを感じさせます。相手によっては、とくに確認したい事柄がなく
ても、「報告のお礼をしなきゃ」と考える人もいるからです。

　相手に余計な考える手間や時間を取らせないために、必要なこと
は１つのメッセージにすべてそろえましょう。

報告は
４点セット

【相談】なぜ悩むのか、どうしたいのか、どう行動したか

　何で悩んだり困ったりしているかを、相手にもきちんと理解してもらえるよう、意識して伝えましょう。

　自分で考えて行動する前に困りごとを丸投げしてきた相手には、「まず自分で考えて」「まずは思い当たる場所を探してからにして」という気持ちになるはずです。何か相談するときは、少なくとも次の３つは事前に明確にしておきましょう。

☐ **相談する前に明確にしておくべきこと**

▶何で悩んでいるのか、困っているのか

▶どうしたいのか

▶自分で考え、行動した結果はどうだったのか

例　資料の格納場所について相手に質問するとき

悪い	A社に関するアンケート結果のデータが見つかりません。

よい	【相談：アンケート結果の格納場所について】 A社に関するアンケート結果のデータが見つからずに困っています。←悩みの原因

社内の以下の共有ドライブも確認したのですが、
見当たりません。←行動した結果

・企画室　＞　Ａ社関連資料
・営業部　＞　クライアント一覧　＞　Ａ社
・全体共有　＞　アンケート・調査結果等

上記以外で、ほかに格納場所はございますか？
もしお心当たりがあれば、お手数ですが教えて
ください。

　一方で、相談を受けたときには、「自分で考えて」「自分で調べて」と頭ごなしに突き返すのは適切ではありません。相手が新人の場合は、そもそも調べ方がわからないケースもあるはずです。

相談する前にチェック！

悩みの原因　　　どうしたい？　　どう考え、
　　　　　　　　　　　　　　　　行動したか？

151

［【依頼】どうしてほしいのか、なぜお願いしたいのか］

「依頼」は、相手に負荷がかかることをお願いする行為です。相手に時間をとってもらい、実際に動いてもらうためには、相手が具体的なアクションをイメージでき、モチベーションもわくように、必要な情報をしっかり盛り込む必要があります。

「何を、どうしてほしいか」「いつまでにお願いしたいのか」は、ざっくりとではなく、相手がイメージしやすいように具体的に書きましょう。

また、「なぜその依頼をしたのか」「なぜその人にお願いしたのか」について、理由や背景をきちんと伝えることが大切です。

☐ **依頼で相手に伝えるべきポイント**
　▶何を、どうしてほしいか（内容）
　▶なぜお願いしたいのか（目的・背景）
　▶いつまでにお願いしたいのか（期日）

例　負荷が高い業務を急遽依頼するとき

✉ 　　　　　　　　　　　　　　　　　　　　　　　　　_ ⟋×

【依頼：セミナーの取りまとめ記事の作成】

○○さん、おつかれさまです！

急なお願いで大変恐縮なのですが、下記の内容をお引き受けいただけないでしょうか？

＝＝＝＝＝＝＝＝＝＝＝＝＝＝＝＝＝＝＝＝＝＝＝＝
【内容】
本日ご参加いただくセミナーの内容を取りまとめて記事にする

【目的・背景】
・セミナー内容を他の社員にも周知したいと、部長が急遽決定
・要約や文章の上手な○○さんにお願いできればベストと判断

【記事の詳細】
・2000字程度
・見出しは2〜3つ
・ポイントとなる部分は登壇者の引用形式で強調
・ですます調

【期日】
　8月31日（金）17時
＝＝＝＝＝＝＝＝＝＝＝＝＝＝＝＝＝＝＝＝＝＝＝＝

お忙しいところ恐れ入りますが、ぜひ○○さんにお願いしたく、ご検討いただけますと幸いです。
何卒よろしくお願いいたします。

【お詫び①】 まず謝る→謝る 理由→最後にもう一度謝る

　お詫びは、テキストコミュニケーションの中でも難易度が高いです。なぜなら、対面で謝ったほうが誠意が伝わるからです。テキストでも相手に伝わるよう、「①まず謝る→②謝る理由→③最後にもう一度謝る」という構成を意識してください。

　まず、「状況に応じた適切なコミュニケーション手段は何か」を考えてツールを選びましょう。お詫びでは、「すぐに」「謝罪の気持ちが伝わる」手段が求められます。

　緊急性が高く、早く謝る必要がある場合は、まずは電話で謝るべきかもしれません。一方で、ふだんのやりとりがテキスト中心の相手なら、まずはテキストで謝罪するというケースもあるはずです。

☐ **お詫びのポイント：「お詫びのサンドイッチ」でいち早く謝罪**

▶まず謝る

▶謝る理由（何に対して謝っているのか）を伝える

▶原因や再発防止策などを伝える　※必要な場合

▶最後にもう一度謝る

　ここでは、ふだんチャットでやりとりをしているクライアントに宛てた、お詫びのメッセージを例に見てみましょう。

例　資料に相手の役職名を誤って記載してしまったとき

✉ ＿ ⛶ ✕

【お詫び】役職名の誤表記について大変申し訳ございません。

下記の件、深くお詫び申し上げます。●──── まず謝る

昨日お送りしたお打ち合わせの議事録に、

〇〇様の役職名を部長ではなく、

以前お伺いした次長と誤って記載しておりました。

└──── 何に対して謝っているのか

最新のお名刺を頂戴しているにもかかわらず、

私の確認が至らなかったことが原因です。●──── 原因

今後は最新の名刺との照らし合わせを徹底し、

このようなことがないよう注意いたします。●──── 再発防止

電話でお詫びをと思ったものの、

お忙しい〇〇様のお時間を頂戴するのも心苦しく、

失礼ながらまずはテキストでご連絡した次第です。

└── テキストで謝る理由

このたびは、誠に申し訳ございませんでした。

今後とも、何卒よろしくお願いいたします。●── 最後にもう一度謝る

お詫びの言葉を「サンドイッチ」にすることで、心から反省して謝罪していることが相手に伝わります。お詫びの内容を整理できたらすぐに謝罪の連絡をすることも、誠意を伝えるうえで重要です。

　ちなみに、「テキストでの謝罪」は、相手によっては不快に感じることもあります。「なぜ、テキストで謝るのか」という理由もひと言添え、相手の疑問に先回りしておきましょう。

お詫びのサンドイッチ

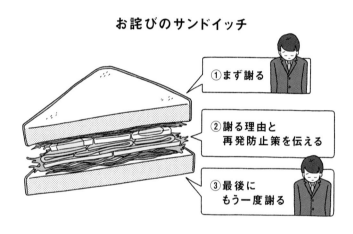

① まず謝る

② 謝る理由と
　 再発防止策を伝える

③ 最後に
　 もう一度謝る

【お詫び②】 お詫びは 一発勝負。取り消せない

お詫びでは、相手に一度送ったメッセージは取り消せないと心得てください。とくにメールは送信したら残ります。また、チャットではメッセージを取り消せる機能がありますが、取り消すと余計な不信感を生むこともあります。

お詫びは一発勝負。一度送ったメッセージは取り消せないと心得ましょう。

例　クライアントからチャットで商品発送数の指摘が入ったとき

注文したのは200個なのに、150個しか届いていません。

このたびは残り50個分の商品発送が間に合わず、誠に申し訳ございません。
システムを確認したところ、追加50個分の発注をいただいたタイミングが、当日発送に間に合う13時を過ぎていたようです。

自分

でも、今日200個ないと困るんですよね。

157

悪い ✕

> すみません、そうですよね。
> ↑何に対する謝罪か不明
> 私が直接お届けできたらいいのですが……。
> ご迷惑をお掛けして誠に申し訳ございません。
> ↑的外れな謝罪

自分

よい

> ご意向に添えず申し訳ございません。
> 大変恐れ入りますが、追加50個の商品到着まで今しばらくお待ちくださいませ。

自分

送信する前に次のポイントをよく確認しましょう。

▶ 何に対するお詫びなのか

▶ 的外れな謝罪をしていないか

▶ 相手の発言に同調して、不必要に謝罪を繰り返していないか

とくにチャットでは、発言を取り消すことができる機能があるからといって、お詫びでは一度送ったメッセージを取り消すべきではないと心得ておきましょう。どんなメッセージを取り消したのか相手はモヤモヤしますし、不信感にもつながりかねません。

社内外問わず、とくに部下や後輩が誰かに謝罪するときには、「送る前に文面を一度チェックすること」を忘れずに。

rule 56 [【断り①】 断るタイミングを考える]

　お詫びと同じく、断ることも、テキストコミュニケーションの中で難易度が高いです。断ったあと、いかに険悪な雰囲気にならないようにするかがポイントです。リアルで会う人なら口頭で５分、10分でも話しましょう。「ネガティブな話ほどテキストではしない」が鉄則です。また、話を切り出すタイミングも重要です。

　ネガティブなことを伝えるときほど優しく、丁寧にします。

例　ネガティブな話を相手に切り出すとき

悪い ✕
> 現在お願いしているライティングの業務委託契約について、今月末で契約終了とさせてください。

よい
> 現在お願いしているライティングの業務委託契約の今後についてご相談したいことがあります。近日中に10分ほど、テレビ電話でお話しできるタイミングはございますか？
> ↑口頭でのやりとりに誘導

　何かを指摘したり叱ったりすること以上に、断るのはとてもデリケートな行為です。とくに、関係性がある相手に対して唐突にテキ

第**6**章　目的別・コミュニケーションのコツ

ストでネガティブな話をするのは、あまりにも配慮に欠けます。

　何かを断る場合は、相手に時間をもらい、できるだけ口頭で伝えるようにしましょう。

　また、相手の状況を踏まえて、伝えるタイミングも考えましょう。

> ×　相手が作業中で忙しいタイミングで話を切り出す
> ○　相手の作業が一段落したタイミングで話を切り出す

　現在お願いしている業務委託の契約は終わりかもしれませんが、人間関係そのものが終わるわけではありません。相手は、将来的に顧客になるなど、今後も何らかの形で仕事に携わる可能性があります。何より、お互いできるだけ気持ちよくやりとりをするために、私自身も断る際には可能な限り「優しく丁寧に」を意識しています。

断るときは優しく丁寧に

［【断り②】 感謝と申し訳ない
気持ち→断る理由→フォロー］

　断るときは、「①感謝やねぎらい、②断る理由、③フォロー」の
順番を意識しましょう。

　私自身は関係性が築かれている相手には、次の三段構えを意識し
て断ったあと、テキストでさらに「感謝」を伝えています。

☐ 三段構えで断る

① 感謝と、断ることへの申し訳ない気持ちを伝える

② 理由を明確にして断る

③ フォローで締めくくる

例　口頭で断ったあとテキストでさらにフォローする

> 少しの間でしたが、お仕事にご尽力くださり、
> ありがとうございましたm(＿)m
> 〇〇さんとは今後もよりよい関係性でありたい
> と思っていますので、
> 今後とも何卒よろしくお願いいたします。
> 〇〇さんのご活躍を心から祈念しております。

相手を慮った「三段構え」による断り方によって、実際にそのあとも関係性が続くことは多いものです。

相手との関係性がそれほど深くない場合は、テキストでさらっと断ることもあります。そのときも、お互いに気持ちよくやりとりができるように「最後はフォローで終わる」を意識してみましょう。

例　関係性が深くない知人の相談を断る

相手

人事関連の仕事をテレワークで探しており、お心当たりはありますか？

自分

その方はどんなキャリアをお持ちで、具体的にどんなポジションをご希望ですか？

相手

ベンチャー企業のＡ社で採用を担当していたキャリアを生かしたいようです。（後略）

自分

大変申し訳ございません。
残念ながら、今はご希望に添うポジションはございません。
お知り合いの方のご活躍を心よりお祈りしております。←最後はエールで終わる

【報告】

- 報告では、「いつ、誰が、何を、どうするのか」にプラスして、なぜ／どのくらい（工数・期限）を盛り込んで伝える

- 「返信不要です」のひと言があると、相手の「返信しなければ」という負担も軽くなる

- 必要なことは1つのメッセージに盛り込む

【相談】

- 相談する前に「何で悩んでいるのか／どうしたいのか／行動した結果」を明確にする

【依頼】

- 依頼で相手に伝えるべきは、「内容／目的・背景／期日」

【お詫び】

- 「お詫びのサンドイッチ」
  …まず謝る→謝る理由（→原因・再発防止策→）
  →もう一度謝る

- テキストで謝罪する場合は、
  テキストで謝る理由も添える

- 一度で誠意を伝える。
  お詫びをするタイミングは二度ないと思うべし

【断り】

- 「優しく、丁寧に」できるだけ口頭で断る

- 「感謝と、断ることへの申し訳ない気持ち→断る理由→
  フォロー」の三段構えで断る

第 **7** 章

場面ごとのルール

【1対1】業務では 1対1の状況をつくらない

　仕事で1対1のやりとりをすることは多いものです。ただし基本的には、1対1でやりとりをする場合でも、業務の関係者も閲覧できる「部屋」で行ない、エビデンスを残すようにしましょう。

　1対1で業務を進めている場合には、トラブルなど不測の事態に陥ったときも想定して、常に誰かがフォローできる状態にしておきましょう。

　とくに顧客とのやりとりは、内容がブラックボックス化しないよう、できるだけ関係者を入れて、1対1の状況をつくらないようにします。

　次の例は、業務に関する話を相手が個別で送ってきたときに、スムーズに関係者を会話に入れる例です。

例　顧客に申し送りをする

> ご連絡ありがとうございました！
> 本件は、当社の関係者にも共有する必要がありますので、のちほどこちらのチャットにメンバーを加えさせていただきますね。
> 引き続き、どうぞよろしくお願いいたします！

例　同僚に申し送りをする

> お手数をお掛けしますが、その話は個別では
> なく、営業のチーム全体で共有できると助か
> ります！

　1対1だと何かトラブルが起こったときに対立構造になりやすい
ため、できるだけ1対1の関係をつくらないことが望ましいです。
　「部屋（トークルーム）」でのやりとりは、「周囲の目」があるこ
とに加え、かつエビデンスとしてやりとりを残しておくと、いざと
言うときに事実関係を確認しやすいでしょう。
　とくに業務に関する内容であれば、ささいなことであっても、関
係者がいる「部屋」など「みんなが見ている公の場」でやりとりを
します。

　自分に不測の事態が起きて、すぐに対応できない場合でも、関係
者があらかじめ情報を共有していれば、チームで協力して解決やリ
カバリーすることが可能になります。

第**7**章　場面ごとのルール

［【1対1】個別で送る場合は
理由や背景を明確にする］

　「業務の話はできるだけ個別のやりとりにしない」が基本ルールです。しかし、どうしても個別に相談したいときや、周りにあまり知られたくないデリケートな話をせざるを得ないときには、「個別でメッセージを送る理由や背景」を相手と共有しましょう。理由や背景がわかることで、メッセージを受け取る側は心の準備ができ、相手の話を受けとめやすくなります。

例　業務量について相談する

悪い

現在、業務量が多すぎてしんどいです。
どうにかなりませんか？

よい

現在の業務量についてご相談させてください。
実は、3歳の息子が急遽入院することになりました。期間はまだわかりません。←背景①
もともと業務量があふれ気味だったのですが、息子の入院もあり、今のままでは立ちゆかない状況です。←背景②
今後のご相談のため、一度お時間をいただけないでしょうか。

【1対1】指摘などネガティブな情報はむしろ個別に

業務に関わる話でも、相手を叱ったり指摘したり、ネガティブな情報を伝えたりする場合は、個別に、なるべく対面で伝えるようにしましょう。ほかの関係者がいる部屋など「みんなが見ている公の場」でネガティブな話をしてしまうと、「吊るしあげ」のような構図になり、相手を必要以上に傷つけてしまいます。

例　部下に顧客からの批判的な意見を共有する

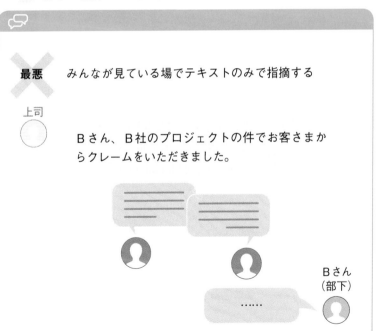

悪い　個別にテキストのみで指摘する

上司

> Bさん、B社のプロジェクトの件でお客さまから
> クレームをいただきました。

Bさん
（部下）

> ……

よい　テキストで個別に呼び出し、なるべく対面で内容を伝える

上司

> Bさん、B社のプロジェクトの件でお客さまか
> らクレームをいただきました。
> 今日15時以降に、15分ほどテレビ電話で話せま
> すか？

Bさん
（部下）

> 16時半以降ならいつでも大丈夫です。

上司

> じゃあ、16時半にしましょう。
> 時間になったら、以下のURLからミーティング
> ルームに入ってください。
> https://●●●●●●●●●●●●●●●●●●●

［【対複数】険悪になりそうな場合、誰かがカットインする］

　議論で険悪な雰囲気になったり、ネガティブな話がくり広げられて誰かがさらし者のようになったりしたら、関係者の誰かが意図的にカットインして、チャットでのやりとりを中断させましょう。

　真剣に仕事をしていると、熱くなって相手とバチバチ意見が対立することもあるかもしれません。

　ただ、議論やネガティブなやりとりは、当事者同士だと切り替えるタイミングがなかなかつかみにくいものです。そこで、できるだけ状況がこじれないように、次のようなタイミングで早めにカットインしてみてください。

□ カットインするタイミング

- ▶議論が３ラリーを超えてまだ続きそうなとき
- ▶言い合いのような険悪な雰囲気になってきたとき

例　営業ＡさんとマーケターＢさんの仲裁をするとき

Aさん

> お客さまが、もっと広告の露出頻度を高めてほしいと言っているんです。対応してください。

Bさん

いや、それはルール上できません。

Aさん

もう少し柔軟に対応してもらえないと困ります！

自分

悪い ✕

（黙って放置、あるいは傍観）

自分

よい

この件について状況を整理すべく、
一度オンラインで話してみませんか？

今、オンライン会議のURLを発行しました。
私も入りますので、3人で10分ほど話しませんか？

　テキストではバチバチとやり合っていたのに、いざオンラインで相手の顔を見ながら話すとなると、「なんだか、すみませんでした」と両者の物腰が急に柔らかくなることも少なくありません。

　議論やネガティブな話は、テキストではしない。これをルールに、すぐに口頭での話し合いに切り替えましょう。

［【対複数】「発言はみんなに 聞こえている」と考える］

　チャットの部屋に10人参加している場合、10人いるオフィスと同じことです。自分の発言ややりとりは、常にみんなに聞こえていることを念頭におき、話題によって発言する場所を変えましょう。

　たとえば誰かをほめる、誰かに感謝の気持ちを伝えるといったポジティブなシーンは、みんながいる場で積極的かつ具体的に伝えましょう。相手との関係性も、チームとしての雰囲気もどんどんよくなり、組織としてのコミュニケーションが活性化します。

□ **複数人が参加するチャットでの発言のポイント**
   ▶ポジティブな話は、あえてみんなのいる部屋で盛大にする
   ▶ネガティブな話は、みんなのいる部屋は避けて個別にするなど、ケースバイケースで判断する

　例　トークルームでポジティブな話をする場合

○○さん、昨日はA社の企画書をブラッシュアップしてくださりありがとうございました！
グラフ上のポイントに添えてくださった「ひと言メモ」、よいアイデアですね！　わかりやすいです！

第**7**章　場面ごとのルール

173

私も、すてきなアイデアだと思いました 👍

ありがとうございます 😊

例　トークルームでネガティブな話になりそうだったので、個人チャットに切り替えた場合

○○さん、B社の企画について、来月のスケジュールが少しタイトで実現が難しいかもしれません。
見直しをお願いいたします！

かしこまりました！
すぐ確認し、修正いたします。

［【対複数】事前に意見を共有し、議論を活性化させる］

　テキストコミュニケーションは議論には向きません。ただし、議論の前に参加者の意見をテキストで共有しておくと、そのあとの議論はものすごく活性化します。

　「議論は、その場で話しながらやったほうがいい」という人もいるかもしれませんが、「その場でいきなり考えるより、事前に考えて意見を整理してから議論する」というのは生産性が高まる会議やミーティングのポイントです。

　前提となる情報を事前に共有しておくだけでも、会議当日までに疑問点を調べたり考えをまとめたりできるので、参加者の理解度がぐっと上がります。また、前提となる情報の説明を簡略化でき、意見の交換に時間を割けます。生産性に大きな差が生まれるため、ケースによっては「議論の前にテキストで情報共有しておく」というのはおすすめです。

☐ 議論の前にテキストで情報共有するルールの例

▶議論の１週間前までに議題を挙げておく

▶疑問や質問は議論の２日前までに洗い出しておく

▶意見は議論の１日前までに提出する

【対不特定多数】その発信は ブランディングかリスクか

　誰もがメディアになれる時代、社外の不特定多数の人に向けて
SNSなどで情報発信し、コミュニケーションを図ることもあるで
しょう。そのような中、SNSでのトラブルは増加傾向にあります。
SNSのメリットとリスクをふまえて、SNSとの付き合い方を理解
しましょう。

　私が所属する会社では、個人が前に出て、ソーシャルメディアで
組織のことを伝えるような場合には、①名前出し（本名）、②社名
出し、③顔出しを基本としています。個人的な情報をさらけ出すこ
とには、次のようなメリットやトラブルのリスクがあります。

☐ **ソーシャルメディアを利用するメリット**
　▶個人や組織に対する信用度が上がる
　▶個人を通して組織に対するファンが増える
　▶求人への応募者数が増える

☐ **ソーシャルメディアの利用で起こり得るトラブル**
　▶自分の発言が、自分の意図とは異なる形で他人に受け取られ
　　てしまう
　▶不用意な発言や何気ないひと言で、他人を不愉快にしたり、
　　傷つけたりしてしまう
　▶思いがけず、自分の投稿に対して複数の批判的な意見が集ま

り、「炎上」してしまう

▶自分になりすましてSNSで発信されたり、周りの人たちに不
審なメッセージを送信されたりする

　万が一、個人にトラブルが起こると、その影響は個人だけではな
く、個人が所属する企業にも及ぶ可能性があります。

☐ **ソーシャルメディアのトラブルで起こり得ること**
〈 個人 〉

▶名前や勤務先、顔写真、住所などの個人情報が流出したり、
さらされたりする

▶ストーカー被害に遭う

▶個人情報の流出や誹謗中傷などが周囲の人間関係にも影響し、
一家離散や婚約破棄などに追い込まれる
　など

〈 組織 〉

▶顧客やパートナー企業との取引が停止する

▶ブランドイメージが傷つき、売上や株価が下落する

▶求人への応募者数が減る

▶倒産する
　など

【対不特定多数】発信する 「内容」と「場所」は大丈夫?

　ソーシャルメディアでのトラブルを防ぐためにも、発信する「内容」と「場所」を常に考えましょう。

　トラブルを未然に防ぐためにも、次の2つのことをいつも念頭に置いてください。

内容：この発信は、誰かを傷つけないか？　適切な内容か？
場所：この発信をすべき場所か？　ほかに適した場所はないか？

　さらに具体的なポイントについて、次のことを発信の際の参考にしてみてください。

▢ 内容について発信する前に確認したいポイント

　▶機密情報を漏えいしていない？

　▶差別や誹謗中傷をしていない？

　▶第三者の権利を侵害するなど、違法な情報発信になっていない？

　▶真偽不明の情報の発信にならない？

　▶社会に反する発信にならない？

　▶作成者が不明、もしくは偽装された情報の発信ではない？

　▶自分が所属する組織にとって不適切な情報の発信ではない？

　▶自分自身や他人の個人情報の流出にならない？

☐ **場所について発信する前に確認したいポイント**

▶実名で他者とつながっているSNSでは、必要に応じて投稿内容を限定公開にする。もしくは投稿しない

▶Instagramの「ストーリーズ」のように、閲覧に制限時間があっても、一度投稿したものは消えないと心得る

▶口コミサイトで、自社のステマとなるような内容や競合他社の悪口を書かない

※ステマ：消費者に宣伝だと気づかれないように、商品やサービスの宣伝をすること

▶Podcastなどの音声コンテンツで発信する場合も、音声の記録は残すことができる。「ここだけの話」として不用意な発言はしない

発信して問題ない内容か?

個人情報流出

機密情報漏えい

誹謗中傷

真偽不明の発言

【対不特定多数】炎上に至る7ステップ

　インターネットのコメント欄などに批判や誹謗中傷が集中する「炎上」は、最初の火種はたいてい小さいものです。けれども、いくつかの段階を経て一気に火種が大きくなり、やがて収拾がつかない事態に陥ります。「誰かを傷つける発信はしない」というのは大前提ですが、リスクも踏まえて発信しましょう。

■炎上に至る7ステップ

① 発信

　まだ何も起きていませんが、SNSで発信した時点で、さまざまな立場の、さまざまな意見を持つ人が、その発信を見ています。

> **例**　〇〇会社の人事部に所属するAさんが「採用面接で落とす基準が見極められるようになった」という内容で、Twitterに投稿

② 最初の拡散

　発信内容に違和感を抱いた人が内容に言及し、拡散。

　とくにTwitterは拡散性にすぐれているため、よくも悪くも興味を持たれた内容は、一瞬のうちにツイートが広がります。

> **例**　Ａさんの投稿内容を見て不快感を抱いた人が、「この投稿
> おかしくない？　すごく不愉快」とリツイート

③　最初の炎上

違和感に気づいた人々が同調し、さらに拡散。炎上がはじまります。

> **例**　Ａさんとはまったくかかわりのない人たちが、リツイート
> されたＡさんの投稿を見て、「たしかに不愉快」などとさ
> らにリツイート

④　メディアからの注目

　まとめサイトやニュースサイトが炎上に注目しはじめ、記事にします。この際、元々の投稿の意図とは違った方向性で書かれてしまうことがあります。

　ここまで進むと、事態の沈静化は難しくなります。

> **例**　炎上まとめサイトなどで
> 【炎上】株式会社〇〇、面接で落とす基準を発表してしまう
> などと取り上げられる

⑤　メディアを発端にさらに炎上

　メディアの記事を見て、投稿を知らなかった人が検索し、さらに炎上します。

⑥ **マスメディアや有名インフルエンサーも言及**

　マスメディアや知名度のあるウェブメディア、インフルエンサーなどの著名人にもとり上げられはじめ、さらに多くの人が炎上を知ることになります。

> **例**　元のツイートを知らない人が部分的に切り取られた情報を知って、さらにリツイート

⑦ **各方面からの注目**

　ソーシャルメディアの世界だけでなく、リアルな友人関係や取引先関係にも影響が及びます。

> **例**　炎上によってＡさんの名前や顔写真、住所、勤め先、経歴、家族・恋人などの個人情報のさらしが加速。その結果、恋人やその家族からの信用を失って婚約破棄に追い込まれる

　以上が炎上の起こる流れです。「私はフォロワーが多くないから世間への影響力はないし、炎上も起こさないだろう」と考える人もいるかもしれませんが、今は誰もが炎上の当事者になり得る時代です。次（rule67）に紹介するようなポイントをおさえて、トラブルのリスクを下げた発信を心がけましょう。

　もし炎上してしまったら、まずは炎上の原因を把握して、すぐに対応を検討してください。ポイントは、なるべく速く冷静に対応すること。ここでの対応を誤ると、さらに炎上することがあります。

【対不特定多数】 とくに気を つけたい７つのポイント

炎上をはじめ、ソーシャルメディアでのトラブルを防ぐために、とくに押さえておきたい７つのポイントがあります。

■トラブルを防ぐうえでとくに気をつけたい７つのポイント

① 　機密情報を漏えいしない　←とくに注意！

・自社の経営に関する情報や非公開情報、従業員や顧客の個人情報、組織に知的所有権がある情報を発信しない。

例

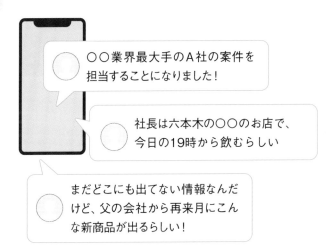

○○業界最大手のＡ社の案件を担当することになりました！

社長は六本木の○○のお店で、今日の19時から飲むらしい

まだどこにも出てない情報なんだけど、父の会社から再来月にこんな新商品が出るらしい！

② **真偽不明の情報を発信しない** ←とくに注意！

・真偽について確認できない情報を発信しない。

例

③ **差別や誹謗中傷をしない**

・特定の個人や集団、民族、思想、信条、宗教、政治などへの
  蔑視や侮辱、名誉棄損になるような発信をしない。

・攻撃的、差別的、性的、排他的な表現や発信をしない。

例

④ 第三者の権利を侵害しない

・他人の著作権や肖像権、商標権など、第三者の権利を尊重し、コンテンツの二次利用は関係法令を遵守する。

例

・被写休に断りなく、飲み会の写真をSNSにアップする

・著作権フリーではない、またはモデルリリースを取得していない素材を勝手に利用する　　　　※モデルリリース：肖像権使用許諾同意書

---

⑤ ステマや、やらせをしない

・嘘をつかない。外部パートナーにも嘘をつかせない。

例

・C社の社員が顧客になりすまして、口コミサイトに自社商品に関するよい評価や好意的な評判を書き込みする

・著名人を直接起用していないにもかかわらず、あたかも商品やサービスをおすすめしているかのように紹介する

---

⑥ 自分や他人の個人情報を流出させない

・個人情報をばらさない、流出させない。

例

・PC画面に顧客情報が映り込んだ写真をアップする

・個人情報をマスキングせずに、SNS上で紹介する

⑦ 社会の常識に反したことをしない

・社会の規範や常識、モラルに反する行為をしない。また、そのように受け取られる発信もつつしむ。

例

・撮影が禁止されている場所で撮影する

・「迷惑行為」を撮影し、SNSにアップする

誰が見ているかわからない

［【対不特定多数】ガイドライン
　をつくっておく］

　ソーシャルメディアに関する知識がないことで、意図せず誰かを傷つけたり、所属する組織が不利益を被る事態になったりする可能性は誰にもあります。そのため組織は、何かトラブルが起こる前に、ソーシャルメディアを利用する際のガイドラインを設けておきましょう。

　ガイドラインに盛り込むものは、大まかに次のような項目です。

▶ガイドラインの目的
▶SNSとは
▶SNSのメリットとデメリット（リスク）
▶SNSでトラブルを防ぐには
▶炎上に至るステップ
▶SNSメディアとの付き合い方
▶表記のしかた
▶トラブルの事例
▶炎上した際の対処ステップ
▶組織での相談窓口や連絡先
　など

［【対不特定多数】自分らしい
キャラクターを設定して発信］

　炎上したり誰かを傷つけたりする発信はもちろん NG ですが、当たり障りのないメッセージでは、スルーされてしまいます。SNSで多くの人の心をつかむには、自分の言葉でメッセージを発信することも大事です。自分らしさが伝わるイメージをもとにキャラクターを設定し、そのキャラに合った発信をしていきましょう。

　たとえば、私は SNS のアカウントは明るく元気なキャラクターで通しています。じつは、次のようなガイドラインをつくっていて、SNS での発信を通して個人ブランディングをしています。

==

例：小澤美佳らしさが伝わるガイドライン

▶ポジティブ思考

▶元気モリモリ

▶熱量3000倍

▶やり切り力

▶巻き込み力

▶未来志向

▶推進力

▶笑顔　←「私はビジネスアイドル」と思い込む！

例：小澤美佳らしさが伝わる投稿内容

▶「企業広報」としての会社PR＝40%

▶広報ノウハウ＝30%

▶エモい言葉＝20%

▶プライベート＝10%

Twitterのアカウント https://twitter.com/mica823

==

　どんなにつらいときも、SNSで発信するときはこのガイドラインと内容を崩しません。キャラに合った発信を続けていると、ガイドラインが自然と身につき、発言内容もブレなくなります。

例　業務量が多い状況について SNS で発信するとき

キャラをつくっていない場合

「クライアントの無理難題で仕事が終わらないけれど、やるしかない……」

ガイドラインをつくっている場合

「自分の手で未来をつくっていくためには、想定外のことも楽しもう！　目の前のことに一喜一憂せずに、どんな仕事も前向きに頑張るぞ！」

例　広報の仕事についてＳＮＳで発信するとき

キャラをつくっていない場合の発信

「自分の会社をメディアに紹介するも、思ったような反応がない……。落ち込む……」

ガイドラインをつくっている場合の発信

「自分の会社を好きになってもらうには、まずは自分が会社の一番のファンになろう！」

例　なんだかうまくいかない状況についてＳＮＳで発信するとき

キャラをつくっていない場合の発信

「自分なりにがんばっているんだけど、悩みが尽きないな……」

ガイドラインをつくっている場合の発信

「人生は一度きり。悩んでいる時間がもったいない！」

　自分らしいキャラクターを設定することで、ネガティブな出来事も、そのままネガティブに発信するのではなく、キャラクターに合わせてメッセージを変換していけるようになります。その結果、自分自身も会社もブランド力が高まり、信頼感にもつながります。

第7章のまとめ

【1対1】

- 業務でのやりとりは1対1にならないようにする

- それでも個別でやりとりをする必要がある場合は、
  その理由や背景を明確にする

- 指摘など言いにくいことを伝える場合は、
  個別に、なるべく対面で行なう

【対複数】

- 険悪な議論やネガティブなやりとりになりそうな場合は、
  第三者が入って止めたり、顔を見て話せるツール（テレビ
  電話や対面）に切り替えたりする

- 「トークルーム」でのやりとりは「みんなに聞こえている」
  という意識で行なう

- 議論の前に、情報や意見を共有する

【対不特定多数】

- SNSでの発言は、個人だけでなく企業にもトラブルがおよぶ可能性があるため、慎重に

- 発信する前に、発信しようとしている内容と場所を見直す

- 「炎上」はいきなり起こるため、
  発信する前に7つのポイントを確認する

  ① 機密情報を漏えいしていないか

  ② 真偽不明の発信になっていないか

  ③ 差別や誹謗中傷になっていないか

  ④ 第三者の権利の侵害になっていないか

  ⑤ ステマや、やらせになっていないか

  ⑥ 自分や他人の個人情報の流出になっていないか

  ⑦ 社会や常識に反していないか

- SNS利用時のガイドラインを作成しておく

- 自分のキャラクターに合った発信をする

第 **8** 章

テキストコミュニケーションを
円滑にする習慣

［テキストではリアル以上に 丁寧に言葉にする］

　相手とのあいだに一度生まれた認識の齟齬（そご）や誤解を、テキストで解消するのは簡単ではありません。テキストで円滑なコミュニケーションをするには、「あえて言葉にする」「リアル以上に言葉を尽くす」という意識をつねに持ちましょう。

　相手に「伝わる」には、まず自分が丁寧に「伝える」ことが大切です。

　たとえば1つの結論を話すにしても、結論に至る経緯があるかどうかで、相手の受け止め方はまるで違うはずです。

例　プレスリリースの効果についてテキストで報告するとき

ふつう
プレスリリースを打った結果、2件の受注がありました。←最終的な結論のみ

相手
（2件しか反応がなかったのか……。残念）

よい

プレスリリースを打った結果、最終的には2件の受注がありました。
閲覧数は800、問い合わせは50件あって反響も上々です！←背景①
SNSでも話題になっています！←背景②

相手

（思った以上の反響で嬉しい！）

対面でのやりとりなら、〈ふつうの例〉でも最終的には相手に齟齬なくプレスリリースの効果が伝わるでしょう。しかも、対面ではたとえ齟齬が生まれたとしても、解消するまでにそれほど時間や手間は取られません。

〈ふつうの例〉も報告として間違いではありません。けれども、テキストコミュニケーションでは最終的な結論に至る経緯をはぶいてしまったことで、〈よい例〉にあるようなプレスリリースの本質的な効果が相手には伝わりません。

結果は同じでも、背景が伝わるかどうかで、その結果に対する受け手の感情や評価が左右されます。

例　プレスリリースの効果について対面で報告するとき

 相手

自分

「2件の受注がありました」

「2件しか反応がなかったんですね……。残念です」

「あ、でも閲覧数800、問い合わせ50件
　あったんですよ！　更に受注数が増える
　かもしれません！」

「え!?　それは思った以上の反響です！」

「SNSでも話題になっています！」

「おおお、すごいじゃない！」

　上記の対面の例のように、テキストではお互いが即座にやりとりできるとは限りません。「リアル以上に丁寧に」言葉を尽くして伝えることを意識し、伝えたいことはできるだけまとめて伝えるようにしましょう。

　相手に「伝わる」には、まずしっかりと丁寧に「伝える」こと。必要な情報がそろってはじめて、ニュアンスまで伝わります。

［ノンバーバルな部分も 言葉で補う］

　リアルな会話では、相手の表情や目線・身ぶり手ぶり・声のトーン・口調・語尾の上げ下げ・話すテンポなどで、内容だけでなくニュアンスも伝わりやすくなります。そうした視覚情報や聴覚情報といったノンバーバルな情報がないテキスト（とくにチャット）では、「もしかして怒っているのかな？」「本当はよく思っていないのかな？」などと、相手に誤解を与えることも少なくありません。「言葉を尽くす」＋「絵文字」を用いるなどして、感情などのニュアンスまでもカバーするようにしましょう。

例1

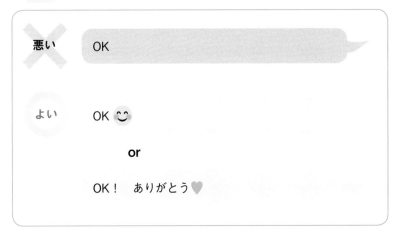

例2

悪い	おめでとうございます

| よい | おめでとうございます！　自分のことのように私もうれしいです😊🩶 |

例3

悪い	こちらもすみませんでした。

| よい | 行き違いがあったようで、こちらこそすみませんでした。今後は、営業部のBさんもグループに入ってもらってやりとりをするようにいたします🙏 |

丁寧に、言葉を尽くす

OKです！　ありがとう😊

相手の発言に対して積極的に反応する

　送ったメッセージに対して誰からも何の反応もないと、「見てもらえたのか……」「相手を不快にさせたのではないか……」などと不安になるものです。忙しくてスルーしてしまいそうになることもあるかもしれませんが、お互い気持ちのよいコミュニケーションをするためにも、可能な範囲でまず反応しましょう。

　忙しいときはせめてスタンプだけでも、できればひと手間をかけて、思いやりやねぎらいのひと言を意識的に添えてみましょう。それは相手のためでも、自分のためでもあります。相手と気持ちよくやりとりできる信頼関係を築けます。

例　とくに返信を必要としない報告を受けたとき

✕ 悪い	リアクションをせずに放置する
よい	「👍」や「♥」など、メッセージに対してスタンプのみでリアクションする
	or
さらによい	「👍」などのスタンプ＋「用件よくわかりました 😊 お疲れさまでした！」などのひと言を添える

rule 73 ［絵文字だけでも早めの返信・リアクションを心がける］

　依頼や相談に対していつまでも返信がないと、相手はメッセージが読まれているのかどうか不安になってしまいます。忙しいときは「いいね」マークをつけるだけでもいいので、メッセージを確認したことを相手にすみやかに伝えましょう。

　相手が未読か既読かあえて表示されないチャットでは、相手から何もリアクションがないと、次のアクションに困ります。なるべく早いタイミングで「見ましたよ」というリアクションをしましょう。

例　取り込み中に、相手からテキストで確認依頼を受けたとき

相手

【確認依頼】
C社でのプレゼンに向けて資料を作成しました。
お手数ですがご一読いただき、ご指摘やアドバイスをいただけるとうれしいです！
お忙しいところ恐縮ですが、明日の3日（火）の14時までにご連絡いただけると幸いです。

よい

例1： とりあえずスタンプなどですぐにアクション

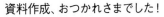

自分

例2:
資料作成、おつかれさまでした！
このあと会議なので、終わったら目を通して改めて
メッセージします！←ひとまず返信

例3:
今日は立て込んでいるので、←状況の報告
明日目を通して←いつ対応するか
14時までにご連絡します 😊
↑その後、時間がとれるタイミングで返信

　忙しさで相手の用件をあと回しにするようなときも、現在立て込んでいることと、のちほど対応する旨を伝えましょう。

「言ったじゃないですか」は禁句

「言ったじゃないですか」と言いたくなる場面で、それをテキストでそのまま伝えてしまうと、受け手に必要以上に冷たく厳しく響き、角が立つことも。どうしても相手に伝えたい重要なことや理解してほしいことがある場合は、リマインドや、テレビ電話などで直接話すなどの工夫をし、確実に伝えましょう。

相手が見落としている可能性があったり、相手が正しく理解していないと感じたりする場合は、相手が動きやすいひと言を添えて、背中を押しましょう。

例　一度連絡した内容について、相手が「聞いていない」と言うとき

悪い

> 先週お話ししたのですが

よい

（グループ全体に伝えた
メッセージ）

お忙しいところ恐れ入りますが、期限までにお目通
しいただければ幸いです。
↑個別にリマインドのメッセージを送る

or

よい

 （グループ全体に伝えた
メッセージ）

この件についてご相談したいのですが、本日どこか
で10分ほどお話しできますか？

↑直接話す場を設ける

　チャット上にメッセージ自体は残っていても、そもそも相手がきちんと読み正しく理解しているか、相手が「自分ごと」ととらえて行動してくれるかは別問題です。また、メッセージを読んだとしても、相手が内容を覚えていないこともよくあります。

　メッセージを送った相手の理解度のレベル感に応じて、リマインドや直接対話をし、相手に確実に伝えましょう。次の③や④の場合は要フォローです。

■送ったメッセージに対する相手の理解度によるレベル感

高 （行動してもらえる）

① メッセージを読んで、内容を理解したうえで行動できる

② メッセージを読んで、内容を正しく理解している

③ メッセージを読んでいるが、内容が正しく理解できていない

④ メッセージを読んでいない（見逃している、スルーしている）

低 （行動してもらえない）

気軽に声がけしやすい 空気感やしくみをつくる

対面なら「ちょっといいですか?」「それってどういうことですか?」と気軽に聞いてすぐに解決できます。一方、テキストコミュニケーションでは「これはわざわざ言うことではないかな……」とためらい、解決が遅くなることも。こうした状況をなくすには、ふだんから声がけしやすい空気感を意図的につくりましょう。

たとえば私が所属するチームでは、少し遠慮がちな新人たちが「ちょっといいですか?」と声がけしやすい空気をつくるべく、毎朝9時から5分ほど、チャット上で「朝会」を開いています。

例　朝会(チャット上)で新人2人にフォーカスして雑談をする

新人
Aさん

おはようございます!

新人
Bさん

おはようございます!

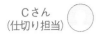

Cさん
(仕切り担当)

おはよう！　週末はどのように過ごしていま
したか？

新人
Aさん

「土曜日に、家族で西伊豆に海水浴に
　行ってきました！」

※ほかのメンバーが「盛り上げ部隊」としてテキストで反応する

Dさん

いいね！　私も行きたい！！

Eさん

西伊豆の海って透明度高いですよね！

新人
Aさん

「晴れていたこともあって、潜るとキレイな魚
　がいっぱい泳いでいました！　Eさんも西伊
　豆に行かれるんですか？」（以下略）

　あえて業務とは関係のない話題から入ることで、心理的安全性が
高まり、あたたかく風通しのいい空気感をつくることができます。

　そのほかにも、次のようなしくみを設けるなどして、テキストだ

けでは少なくなりがちなコミュニケーション量を意識的に増やすことも大切です。

☐ コミュニケーション量を増やすオンライン上のしくみ

▶ 毎週金曜日の午後3時から15分、テレビ電話で「雑談タイム」を設ける。メンバーは毎回3人1組でランダムに選ぶ

▶ 新規事業を担うスタッフは、社長と毎朝10時から15分間、テレビ電話でコミュニケーションをとる

▶ 新人の部下と毎日15分間、個別にテレビ電話で会話し、部下の疑問や質問、相談を受けて答える時間をとる
など

テレビ電話では、基本的には1人しか話すことができず、参加しているほかの人は「ただ聞いているだけ」という受け身の姿勢になりがちです。そうなると、せっかく設けたコミュニケーションの機会にあまり盛り上がらず、声がけや雑談がしやすい空気感をつくるという本来の目的が果たせません。

オンラインでミーティングやイベント、研修などを開くときも同じですが、会を盛り上げるために次のようなポイントを押さえてください。

☐ オンラインでの集まりを盛り上げるポイント

▶「チャット盛り上げ部隊」を数人でつくり、合いの手を入れたり、少しオーバーにリアクションしたりと、チャットを盛り上げる

▶ 冒頭は、場をあたためることに徹する。たとえば、ミーティ

ングのアイスブレイクとして参加者全員で「今週うれしかったこと」の共有をする

▶「聞きたいことはほかにありませんか?」「(具体的な事例)についてはどうですか?」など、相手が切り出しやすいように積極的に声をかける

▶大人数ではなく、4・5人などの小さなチームの単位ではじめてみる

アイスブレイクで緊張感をときほぐす

rule 76 [大事なメッセージは 送信する前に見直す]

　書き言葉は、話し言葉よりもよくも悪くも残りやすいため、メッセージを書いてすぐに送信せず、一度見直しましょう。とくに大事なメッセージを送る場合は、「客観的に見直す」ことをしくみとして取り入れ、ひと呼吸おいてから送りましょう。

　見直す際には、とくに次の点をチェックしてみてください。

☐ 誤字や脱字はないか？

☐ 用件は、シンプルでわかりやすいか？

☐ 結論だけではなく、背景や経緯、根拠はあるか？

☐ 見やすく、読みやすいか？

☐ 指示語や、人によって定義が異なる言葉を使っていないか？

　とくに重要なメッセージを送信する前に、次のことを取り入れてみてください。

☐ **より客観的にメッセージを見直す工夫**

　▶一度、自分宛てにメッセージを送信して見直す

　▶数時間後や翌日など、時間をおいて見直す

　▶上司や同僚など、第三者にもメッセージをチェックしてもらう

［テキストコミュニケーションは万能ではない］

　テキストコミュニケーションは万能ではない。そう心得ておくことで、過信や油断がなくなり、「伝えたつもり」という状況を避けられます。コミュニケーションの量も、得られる情報量も、対面の場合と比べて限られているのがテキストコミュニケーションです。だからこそ、対面で接するとき以上に、いかに相手に「伝わる」かを意識しましょう。

　相手への配慮をはじめ、ここまでお伝えしてきたようなポイントで、テキストを通して気持ちよくコミュニケーションをしていくことができます。

　それでも、テキストコミュニケーションで少しでも不安を感じたり迷ったりすることがあれば、次のことを思い出してください。

▶テキストコミュニケーションは万能ではない

▶「察してほしい」という概念は捨てる。言葉にしないとわからない（rule14）

▶「正解」は自分ではなく、相手の中にある（rule18）

▶相手にも都合がある（rule10 ／ 20）

▶言葉は「鋭く冷たい刃」にも「包み込むあたたかい衣」にもなる（rule15）

▶議論やネガティブな話をするとき、緊急時はテキストを使わない（rule 7 ／ 8 ／ 9）

▶「あれ？」と思ったら、すぐにテキストから切り替えて顔を
　見て5分話す（rule12）
▶リアクションはオーバーくらいでちょうどいい（rule21）

基本をおさえて
気持ちのいいテキストコミュニケーションを

第8章のまとめ

- テキストでは「リアル以上に言葉を尽くす」

- 「言葉を尽くす」＋「絵文字」でニュアンスまで伝わる

- 相手の発言に対して積極的に反応する
  （スタンプ・ねぎらいのひと言）

- すぐに返信できなくても、リアクションをしてメッセージを
  確認したことは相手に早く伝える

- 相手がメッセージを見落としているかもしれない場合は、
  リマインドするなどしてフォローする

- テキストのやりとりでは、コミュニケーション量を増やす
  しくみづくりも大切

- 大事なメッセージは、送信前に念入りに見直す

- テキストコミュニケーションは万能ではない
  ——だから、コミュニケーション手段の適切な使い分け
  が大切

おわりに

『テキストコミュニケーション力（テキコミュ力）の基本』を最後まで読んでいただき、ありがとうございました。テキストでコミュニケーションを図っていくうえで、不安や疑問は解消されたでしょうか？

今回、編集者の川上聡さんに出版のお話をいただいた際、"メールの文章の書き方"や"コミュニケーションの方法"などのノウハウ本はたくさんあるけれど、"（チャットツールを中心とした）テキストコミュニケーション"に特化した本は世の中になく、ぜひ書いてもらえませんか？」と提案をいただきました。

たしかに、コロナウイルスの猛威によって、急遽テレワークを導入される企業が増加し、ビジネスでチャットを利用される方も増えて、私どももテキストをはじめとしたオンラインコミュニケーションの相談を受けるケースが多くなっていたところでした。

私が所属する株式会社ニットは、創業当初の2017年からフルリモートを前提としているため、冒頭に申し上げた通り、社内のやりとりはほぼテキスト。これまで社内で行なってきた「テキストコミュニケーション講座」を、この数年は社外のさまざまな企業へ提供してまいりました。

しかし、その講座を実施できる数には限界がある。より多くの方が、もっと手軽に「テキコミュ力」を上げていただきたいという気持ちで、この本を書きました。

今回、「テキコミュ力」のTipsをお伝えしましたが、関わる人と関係性を築くうえで、根本的に大切なことは、相手を思いやる気持ちだと思うのです。

テキストコミュニケーションは万能ではありません。51ページに記載しましたが、言葉は「鋭く冷たい刃」にもなれば、「包み込むあたたかい衣」にもなります。相手との関係性や立場、状況、心境などに配慮し、どういったタイミングで、どんなツールを用いて、どんな言葉や絵文字を使ったら、受け手が正しく受けとめ、理解してもらえて、気持ちが前へ向けるのか。そのことを考え続けることが大切だと思っています。さまざまなシーンにおいて、良好な関係性を築く一助を本書が担うことができたら本望です。

最後に、日本実業出版社の編集者・川上さんと神村優歩さんには、今回の出版という機会を頂戴し、心から感謝申し上げます。また、株式会社ニットのメンバーにも、日々の業務の中で円滑なテキストコミュニケーションを研究し、組織をよりよくし、事業成長へつなげてくれていることに心から感謝しています。今回のノウハウは私ひとりが開発したものでは当然なく、会社全員でつくり上げてきたものです。

言葉は言霊。

私自身、未来をよりよくするため、大切に、言葉を紡いでいきたいと思っています。

小澤美佳

▼「テキストコミュニケーション講座」
　企業向けの研修も実施しております

私が所属する株式会社ニットでは、企業様のテキストコミュ
ニケーションのお悩みを表出化し、解決に結び付ける講座を
実施しています。リモートでのコミュニケーションに潜む罠
を浮き彫りにしながら、組織内の関係性構築を円滑に進めて
いくことに貢献いたします。

▼オンライン研修ラインナップの一覧

その他ご相談は、以下のページの「お問い合わせ」より、お
気軽にご連絡ください

https://help-you.me/service/online-seminar/

小澤 美佳（こざわ・みか）

「HELP YOU」を運営する株式会社ニット広報。2008年に株式会社リクルート入社。中途採用領域の代理店営業、営業マネージャーを経て、リクナビ副編集長として数多くの大学で、キャリア・就職支援の講演を実施。採用、評価、育成、組織風土醸成など幅広くHR業務に従事。2018年、中米ベリーズへ移住し、現地で観光業の会社を起業。2019年、ニットへ入社し、営業・人事を経験後、広報部署を立ち上げる。メディアアプローチ、SNS、各機関からの表彰などの成果を実現しながら、インナーコミュニケーションの設計・運営にも携わる。メンバー500名がリモートワークで働くニットでは「働く」を通じて幸せになれる組織運営を目指しており、本書のテーマである「テキストでのコミュニケーション力」に定評がある。現在、広報ノウハウを発信する傍ら、オンラインでのセミナー講師やイベントのファシリテーターなども務める。Twitter（@mica823）のフォロワー数は3.7万人（2022年12月7日現在）。

株式会社ニット（https://knit-inc.com）
HELP YOU　（https://help-you.me/）

テキストコミュニケーション力の基本

2023年3月1日　初版発行

著　者　小澤美佳　©M.Kozawa 2023
発行者　杉本淳一

発行所　株式会社 **日本実業出版社** 東京都新宿区市谷本村町3−29 〒162-0845
　　　　編集部　☎03−3268−5651
　　　　営業部　☎03−3268−5161　振　替　00170−1−25349
　　　　　　　　　　　　　　　　　https://www.njg.co.jp/

印 刷・製 本／中央精版印刷

ISBN 978-4-534-05985-7　Printed in JAPAN

テキストでのやりとりのコツが身につく本

下記の価格は消費税(10%)を含む金額です。

簡単だけど、だれも教えてくれない77のテクニック
文章力の基本

阿部紘久
定価1430円(税込)

「ムダなく、短く、スッキリ」書いて、「誤解なく、正確に、スラスラ」伝わるテクニックを解説。実例をもとに「例文→改善案」の形で、難しい用語を使わず、即効性があり実践的な内容です。

大切だけど、だれも教えてくれない77のルール
メール文章力の基本

藤田英時
定価 1430円(税込)

いつも使うけど、きちんと教わることのなかった「メールの書き方、送り方」。「用件が2つなら件名も2つ」など、仕事ができる人がやっている「短く、わかりやすく、見やすいメール」77のルール。

短いのに感じがいいメールが悩まず書ける本

亀井ゆかり
定価1540円(税込)

手紙ほどの「わざわざ感」や「負担」はないけれど、豊富な文例をマネするだけで「手紙と同じくらい好印象を与える」メールが簡単に書けるようになる。とくにメールに自信が持てない方におすすめです!

定価変更の場合はご了承ください。